The Must Have

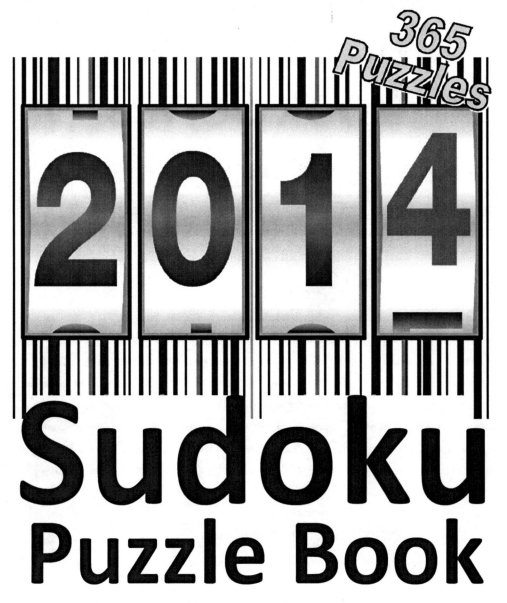

365 Puzzles

2014

Sudoku
Puzzle Book

by Jonathan Bloom

The Must Have

Sudoku Puzzle Book Series

For other exciting Sudoku books by Jonathan Bloom
Please visit amazon.com and search for "Bloom Sudoku"
or get them at buysudokubooks.com and sudokids.com

9780987003980

Published by buysudokubooks.com and sudokids.com

For customized editions, bulk discounts and corporate gifts, email sales@buysudokubooks.com

buysudokubooks.com ©Jonathan Bloom ISBN 978-0-987-0039-8-0

Table of Contents

Puzzles

Other buysudokubooks.com titles

The Gigantic Sudoku Puzzle Book - 1500 Puzzles Vol 1 & 2
The Must Have Sudoku Holiday Gift
The Must Have Sudoku Christmas Gift
Scary Sudoku - 300 Freakish Puzzles
Seductive Sudoku
Deadly Sudoku

5 Minute Speed Sudoku   The Must Have 2011 Sudoku Puzzle Book
10 Minute Speed Sudoku   The Must Have 2012 Sudoku Puzzle Book
15 Minute Speed Sudoku   The Must Have 2012 Sudoku Puzzle Book
666 Deadly Sudoku Puzzles   Sudoku - Especially for you

January

No: 1 | Wed, Jan 1, 2014 | Easy

	6		3	9			2	
		8					7	9
		1	2			4		
	5			3				
9	8				7			1
		2	5			9		6
			7			8	9	
				4	5			2
				2				7

No: 2 | Thu, Jan 2, 2014 | Moderate

	9	5						
3	4		6					9
7								5
	2			9		6		4
			8					
						1	3	2
			2		1	4		
					9		2	
	6	9	7		8	5		

No: 3 | Fri, Jan 3, 2014 | Nasty

					6		3	4
9							8	
	7							
	5					7		
1					4			
			9					
			7	5		2		
4		3						
				6				

No: 4 | Sat, Jan 4, 2014 | Cruel

		4	5		6			
						1		9
						3		
	7			3	4			
	6	8						
				9				
1							4	
			8				7	
3								

No: 5 | Sun, Jan 5, 2014 | Easy

8						9	1	2
5		6		4				3
	3							6
7				2	6			
		2			1		3	
4		8						
		4	2	3			5	
						2		
			9		7		8	

No: 6 | Mon, Jan 6, 2014 | Moderate

		6						
			4					
2		5		8		6		9
	6				5		4	7
		4				2		8
			3					
		1		9			7	2
			7			1	9	
		7	2	3		4		

No: 7 | Tue, Jan 7, 2014 | Nasty

			9	1		8		
6	5							
					7		5	3
9		4		6				
							8	
		1				9		
	3				5			
			7					

No: 8 | Wed, Jan 8, 2014 | X-Cruel

3						7	2	
	6						4	8
		1						5
9				3				
1			8	6	2			
	7	2		1				
	5		2			9		
		7	3				8	
				8	7			4

No: 9 | Thu, Jan 9, 2014 | Easy

	1		9	4	6			
		6	8	7		1		
							5	
	8							4
	6	4	1				3	9
				8			1	2
				3			4	
5	3			9	7			
	9						8	

No: 10 Fri, Jan 10, 2014 Moderate

1		2	9				8	
	3			8			1	2
						6		
9				2				
					3		9	
	7		5					1
	2	1						4
5		3	4				6	
	6				5			9

No: 11 Sat, Jan 11, 2014 Nasty

6		9	8			4		
			5		7			
	1		2	3				
7							9	5
				9		3		
8	7							
	5							

No: 12 Sun, Jan 12, 2014 Cruel

				4	9		5	
	3						7	
								1
1			7					
		9				6		
			3	1				
4						3		
			6			8		
9								

No: 13 Mon, Jan 13, 2014 Easy

9	3			4		8		2
6		5		8		9		
	2			3			7	
				2				9
1	4	2	8					5
						3		
8	9				2			
		1					3	
2			4	5			9	

No: 14 | Tue, Jan 14, 2014 | Moderate

					6	9		
	9					5		4
		5		7	8		3	
	7		3					8
	4						5	
	2		7					1
		6		3	9		4	
	5					6		9
					2			

No: 15 | Wed, Jan 15, 2014 | Nasty

1			6			8	9	
				7	3			
			1			9		
4		7						
		3						
				2				3
	9		8					
	5						7	

No: 16 | Thu, Jan 16, 2014 | X-Deadly

			1		6	9		
7							6	
		1	5					
				4			3	
1				7				
5								
			8			1		
6								5
	3							

No: 17 | Fri, Jan 17, 2014 | Easy

	5	7				8		
	9	6	1			7		
		4					1	9
5		2		9	3			
7	3	1			6			
							5	
				3	9	6	8	
2				7			4	
	7			5	4			

No: 18 | Sat, Jan 18, 2014 | Moderate

5			7			1	3	
						2	9	
			2			4		
4		6			7	3		
					1		5	
			5	6				9
9	1	2	3					
7	3			2				
					8			

No: 19 | Sun, Jan 19, 2014 | Nasty

						3		6
5		7						
			8		1		5	
8			4					
	3							
7						4	9	
	1			3	6			
				2				

No: 20 | Mon, Jan 20, 2014 | Cruel

	1		7					6
					9	3		
						8		5
			4				9	
8		6						
			2					
	2						4	
3				8				
				5				

No: 21 | Tue, Jan 21, 2014 | Easy

8		1						
5				3		4		
	2						7	
7		9	3					
							3	
	5	6	8		1			
			9		4			7
9			1			6		
	1				7		8	2

No: 22 | Wed, Jan 22, 2014 | Moderate

	8							
7				1	3	4		
	5					9	7	
		6	1	5			2	
5		8			6		1	
					9			
		1		6	7			
						5		2
				4			8	

No: 23 | Thu, Jan 23, 2014 | Nasty

						6		3
7			2					
8	9							
			6	4		1		
5							9	
			3					
		6		3				
					5		8	
	4							

No: 24 | Fri, Jan 24, 2014 | Cruel

			7				2	
3	8							
							6	
	4					5		
9				3				
				1				
			5			3		9
		6	4					
					9	1		

No: 25 | Sat, Jan 25, 2014 | Easy

2		3					9	5
		9	5					2
	8			2		1		
	3		6		4			
		4			3		1	
			8	9			2	
		1				8		
7				1	5		4	
3	2					7		

No: 26 | Sun, Jan 26, 2014 | Moderate

						9		
4		5						1
		9	3	6	4			
			1			2		8
	8			7				
			9			6		3
		3	7	1	5			
2		7						9
						1		

No: 27 | Mon, Jan 27, 2014 | Nasty

					8		7	
	5					3		
	1							
	6		1	3		5		
7					4			
8								
9							8	
			5	6				
			3					

No: 28 | Tue, Jan 28, 2014 | X-Cruel

	9						2	4
				6	3			
							7	
8		6		1		5		
			2			9		
5						6		8
	2		4					

No: 29 | Wed, Jan 29, 2014 | Easy

2			7		1			3
5	6						1	4
4		2				8		9
		8				3		
1			9		8			5
		5	8		3	4		
				1				
9			2		4			6

No: 30 Thu, Jan 30, 2014 Moderate

			3		7			
		7				2		
1				9				7
5		1				9		4
9	4	2				7	8	5
		5	7		3	6		
	6		2		9		1	
				4				

No: 31 Fri, Jan 31, 2014 Nasty

				3			6	1
4	8							
	9							
			8		9		5	
1		3						
			7					
						7		3
			9			8		
				6				

No: 32 | Sat, Feb 1, 2014 | Cruel

	1	5						9
			6			8		
7		4	9					
						1	5	
				2				
8			3					
6	3							
				5			2	

No: 33 | Sun, Feb 2, 2014 | Easy

	2	7				3	5	
4						7		6
6				4				
				2				
		8	7					
						8	9	7
7	4				6			
3					4			2
	9				1		8	

No: 34 | Mon, Feb 3, 2014 | Moderate

					2		4	9
			7		9	2	1	
					3		5	
	7					5		
							6	2
6	9	2						
	5		4					
9	1	4		2				6
7				6			8	

No: 35 | Tue, Feb 4, 2014 | X-Deadly

			5			4		
	8				1			
		3						
5						7	6	
					9	5		
4				8				
	9			3				8
			7					
							1	

No: 36 | Wed, Feb 5, 2014 | Cruel

			6				4	8
5				1				
7						6		5
1			9					
			3		4			
				7		1		
	4						9	
	3							

No: 37 | Thu, Feb 6, 2014 | Easy

2		6	7					3
	5				3	1		
					5		6	
5						8	7	
		8				6		
	7	1						4
	9		1					
		5	9				3	
4					6	2		7

No: 38 | Fri, Feb 7, 2014 | Moderate

3					9			
			2			7	5	
		1			3			4
	3				4	8		
				8			2	
8		9	1			6		
	9		8		1			
	5			9				
		4						1

No: 39 | Sat, Feb 8, 2014 | Nasty

				5			7	
	9							
	2							
			9		6	4		
7		3	2					
5								8
			4			9	2	
8				7				

No: 40 **Sun, Feb 9, 2014** **Cruel**

1	6							
				3				
						8		
			7			5		2
6			1		9			
9						3		
8		5						
			4				6	
	3							

No: 41 **Mon, Feb 10, 2014** **Easy**

	6	2			9		8	
			6				7	
9			1	3				4
	8	3						
		7			4	5		
2				6				3
				7				
8	4							9
		9			8		2	

No: 42 | Tue, Feb 11, 2014 | Moderate

2	7					4		
					4	6		
				7				1
	1	7	8				5	
	2				5			
	3	5	1				9	
				4				3
					8	9		
6	5					8		

No: 43 | Wed, Feb 12, 2014 | Nasty

				5		6		2
	4	3						
				1				
	1		8				3	
5				9				
6			9			7		
			3			1		
			4					

No: 44 Thu, Feb 13, 2014 Cruel

							3	
	6			4		1		7
2	8			9			6	
		5		7				
	1	7			5	8	4	
8	9							
				2	4			
			5	3		7	1	
			1			2		

No: 45 Fri, Feb 14, 2014 Easy

4		6	1				2	
	9	1				5		
		8	7			9		1
3	1				5			
			6		9			
			4				9	5
5		4			1	2		
		7				1	8	
	2							6

No: 46 **Sat, Feb 15, 2014** **Moderate**

	4							9
					5	4		
2			4				3	
	8						5	
1		2		4				
		9	1			6		
			2	7				
7					9			3
	3			8		5		

No: 47 **Sun, Feb 16, 2014** **X-Deadly**

				9		8		6
	3				5			
4								
			4	7				
6						1		
		8					3	
	5						9	
		9			8			
			3					

No: 48 — Mon, Feb 17, 2014 — Cruel

			1				9	
	7		6			5		2
2				5	8		4	
4				6		2		
			9		2	4		
				8			1	6
5		3						
							8	
		8			4	3		

No: 49 — Tue, Feb 18, 2014 — Easy

1			3		4			9
	6						3	
3			5		6			7
6		1				4		8
8	3						9	5
			6	4	5			
5			9		7			4
	8						7	

No: 50 | Wed, Feb 19, 2014 | Moderate

4							1	3
		1			7		9	
	8	7		1				5
								6
		6			2		3	1
	9			5				
						4		
1	5			6				
8		2	4	9				

No: 51 | Thu, Feb 20, 2014 | Nasty

				8			3	
		7	6					
	9							
			1		7	6		
8	3							5
5			9	3				
		1				7		
				4				

No: 52 | Fri, Feb 21, 2014 | Cruel

				9		5		
8	7						1	
	3	6			8			
6			1	5		4		
							2	
7			9	3		1		
	2	3			9			
1	6						4	
				7		2		

No: 53 | Sat, Feb 22, 2014 | Easy

		6	4	5				7
			9			5	8	
					1		4	3
	9							
8								5
		1				9	7	8
	7				4			1
	3	8			2			
6		9		7	5	4		

No: 54 Sun, Feb 23, 2014 Moderate

			6		1			
9				3		4	1	
1	8						9	
	7		4					6
8							3	
		5			7			9
			3					
4					5	2		
	2			8		5	6	

No: 55 Mon, Feb 24, 2014 Nasty

				8	6			
				5			4	
3								
	1	8				5		
			3				9	
	6		9					
4			7					1
						8		6

No: 56 | Tue, Feb 25, 2014 | X-Cruel

	2			1		6		7
1			2	3		8		
			6		5			2
	1	3				2		
8	9							3
		6					4	
7	4		9					
					8			
2		1		5				

No: 57 | Wed, Feb 26, 2014 | Easy

	4		6	7			8	
	2	1				6	4	
	7					3		
4								9
1					9	8		
				6				2
	6	7		1		4		
2	8							
			3		8		2	

No: 58 | Thu, Feb 27, 2014 | Moderate

					1			
6				4	9			
	9	5	6		2			
	4					1	3	7
8							4	
		9				2		
9	3		7			4		
		1			8	3		
		4		2			7	

No: 59 | Fri, Feb 28, 2014 | Nasty

				1			5	3
	9	7						
		8				9		
3				5				
			6				2	
			9		8	4		
6	5							
			7					

No: 60 | Sat, Mar 1, 2014 | Cruel

9			8	1				
						5		6
4				2	5		1	
3				6				
						2		
			3				4	
	6		7					
	2							

No: 61 | Sun, Mar 2, 2014 | Easy

1	5			2	7			
		8				1		
6							9	
		9	7					3
	7		5					4
3				4	2			
	6				8		5	
		4		5				7
			2			8		9

No: 62 | Mon, Mar 3, 2014 | Moderate

				3	8	5		
		1	4			9	7	
			2				1	4
5		9						1
								7
	6					4	2	
7		3			2		8	
	2		6					
		8			3			

No: 63 | Tue, Mar 4, 2014 | Nasty

				2		5		
	7							3
				1				
	8	3	6					
						9	1	
						2		
			7		8		4	
1			3					
9								

No: 64 | Wed, Mar 5, 2014 | Cruel

3						1	7	
				8	5			
						9		
							5	8
9								
			1					
6			7			3		
	5	2		4				
								4

No: 65 | Thu, Mar 6, 2014 | X-Cruel

6			1				9	
	7			8				
								3
	8					4		
			5			8		
			9					
				4		7	5	
3		9						
1								

No: 66 Fri, Mar 7, 2014 Easy

			7	3				2
5	1					6		
6				5			1	
4						9		
					3			
			4			8	5	
	3							
		7				1		9

No: 67 Sat, Mar 8, 2014 Moderate

								1
4	7			3				
				2		5		
			1	6				
		7			3	8	1	
5		3	8		9			
	8		5	4				
		2					9	
3			9				6	

No: 68 **Sun, Mar 9, 2014** **Nasty**

			3		4			1
6				9		7		
			8				3	5
9		7		6				
2								
	3		1					
							7	
						9		

No: 69 **Mon, Mar 10, 2014** **Cruel**

5				9				
							8	1
				3				
3	6					5		
			7			4		
9				4				
	7		1		6			
			8					
						9		

No: 70 | Tue, Mar 11, 2014 | Easy

4				9	3			
		2				5		
	3						4	
		7	5	6				1
	4				9			
2		6			1			
	6		9		5		7	
		9		7		4		
1			4	2				8

No: 71 | Wed, Mar 12, 2014 | Moderate

					7	9		
		9	4	8				
	2		1			8		4
			8					7
		1		6			9	
2					9	5	3	
5				1			2	
						4		
		7	5					

No: 72 | Thu, Mar 13, 2014 | Nasty

			7				9	
8						6		
	4					5		
				3	9		7	
5				8	6			
	7	9	1					
						8		3

No: 73 | Fri, Mar 14, 2014 | Cruel

	5		6				4	
	3	2						
				7				
1						9	8	
				5	3			
7								
9			4					
	6		8					
						2		

No: 74 | Sat, Mar 15, 2014 | Easy

		9	4	1				
4		5		3		6		8
			6		5			
				4				
	6		7		2		5	
	8	2				4	7	
1								9
			9		1			
7		8	5		4	2		1

No: 75 | Sun, Mar 16, 2014 | Moderate

	4			9		5		
						7		3
								6
1	8						9	
		7	6					
			3					
				8			2	
5		6						
7							6	5

No: 76 | Mon, Mar 17, 2014 | Nasty

			7	9			8	
	5		6					
2								
	4					5		7
				8	3			
8		9					1	
			5			6		
3								

No: 77 | Tue, Mar 18, 2014 | Cruel

3					6			
							5	
							8	
		8	9					
						6		7
	4							
6	7					3		
		9	1	5				
			8			4		

No: 78 | Wed, Mar 19, 2014 | Easy

	1		7		2	6		
3			6					
7		9				2	5	
		2		5	7		9	
	7		2	6		8		
	3	1				5		8
					3			9
		4	9				2	

No: 79 | Thu, Mar 20, 2014 | X-Deadly

				1	3			
	4						9	
			9				8	7
3		5	7					
1								
	9		8			5		
6						3		
				4				

No: 80 | Fri, Mar 21, 2014 | Nasty

			5			7		
	6	3						
	1							
5							4	1
				3				
							6	
			7		6	3		
		2				9		
8			4					

No: 81 | Sat, Mar 22, 2014 | Cruel

	7	6	5					
				9			1	
	2							
			7		6			
			4				8	
3								
9				8		5		
						6		4
								7

No: 82 **Sun, Mar 23, 2014** **Easy**

		5		1			2	
		4		2			6	8
1	6							4
							8	3
3	4							
						4	7	
					4	8		
5	7		9		1			
	9	6	7	8	2			

No: 83 **Mon, Mar 24, 2014** **Moderate**

	7	8						3
4								
9			2		3		6	
		1			8			5
					5	9		
		7	6	1				
				4				8
		6					5	
2			1			4		

No: 84 **Tue, Mar 25, 2014** **Nasty**

			5		8			
4							3	
			9					
				7		8	6	
	9							
				3				
7	6	3						
			1			9		
8								5

No: 85 **Wed, Mar 26, 2014** **Cruel**

9				4				
							6	7
							8	
	6	2				5		
	7		8					
				3				
3					1	9		
4	8							
			6					

No: 86 | Thu, Mar 27, 2014 | Easy

2	3		8				5	9
	7		3					
1								
	5	8					6	
				1	4	3		
4						1		
9			5					
		3	1	7			4	

No: 87 | Fri, Mar 28, 2014 | Moderate

						7		
	2	6		1		9		
	9		8					1
		7	5	4				
	3		9			6		
						8	1	
8	1			5	9			3
					8		5	
		2				4		

No: 88 **Sat, Mar 29, 2014** **Nasty**

			9				3	
1				8				
4								
				4		8		
	3			7				
	9						6	
	6		5					
7						1		
			3			4		

No: 89 **Sun, Mar 30, 2014** **Cruel**

							7	6
4			8					
						1		9
5				1		3		
				9				
							5	
			5			4	3	
	9		2					
	6							

No: 90 Mon, Mar 31, 2014 Easy

4	1		8	2			7	
3	9					4		
	5							
6							8	7
				9	3			
		8	5			9		
1			7					
				8	2			

No: 91 Tue, Apr 1, 2014 Moderate

	2		5		6		7	
7			2		8			4
9								5
	5	3				7	8	
	7	4				6	9	
		2		6		4		
			3	9	4			
		9				1		

No: 92 | Wed, Apr 2, 2014 | Nasty

			9	7		6		
1	3							
5		6	8					
							4	3
							2	
	4	7				1		
			5		2			
				3				

No: 93 | Thu, Apr 3, 2014 | X-Deadly

	6		8	5				
7								1
						3		
			5	9			8	
1								
			4					
3	2				1			
						7		9
							5	

No: 94 | Fri, Apr 4, 2014 | Easy

	4		6			3		8
1					5			
	3	2				7		
6				8				
					1			
9							5	1
			7				2	
		6	1	3				

No: 95 | Sat, Apr 5, 2014 | Moderate

8				1			5	
5			8		3		9	
	1							
	8				5	1		
	2	1				4	6	
		6	2				8	
							1	
	9		3		8			4
	4			7				2

No: 96 Sun, Apr 6, 2014 Nasty

			8		7	5		
9		3						
1								
				9			7	
	5					2		
				3				
	6		5					4
7							9	
			2					

No: 97 Mon, Apr 7, 2014 Cruel

7		5		4				
4			1					
						3		
	6		8		1			
9							5	
			3					
							4	7
	8					6		
	3							

No: 98 | Tue, Apr 8, 2014 | Easy

	1		6	3		8		
9		5					7	
	6					3		
			7	4				
1					9			
7					5		9	
	3		8					
				7		2	3	

No: 99 | Wed, Apr 9, 2014 | Moderate

	2							8
		6				3		
9							1	
					4			
7	9		5	2				
6	4	5		9				
	5		9				2	
		8	7	5				3
			6	1		7		

No: 100 Thu, Apr 10, 2014 Nasty

2	5		4				7	
				8	9			4
	8				2			
	7					6		8
3								5
6		5					3	
			8				2	
7			9	3				
	6				1		5	7

No: 101 Fri, Apr 11, 2014 Cruel

	7		4			3		
		2	8					
		6		3	1			9
	2	7				9		
8						2		
							5	1
	8				6	1	9	
6		5			8			4
	3			4				

No: 102 | Sat, Apr 12, 2014 | Easy

2	9		1			7		8
3	4		9					
						6		
	8	7		6				
			5				1	
1							3	
				7		4		
5					3	2		

No: 103 | Sun, Apr 13, 2014 | Moderate

3	7	8						
		9		4	5			
		6				2		
				1			9	
				2	9		3	
	4		7					
8						3	4	9
2			1					8
	9	7						1

No: 104 | Mon, Apr 14, 2014 | Nasty

3			9		5		6	
4				1				9
					3	4		
						1		4
6		5	7				9	
		2		3				7
	7	8	4	6				
		3						
				5			1	8

No: 105 | Tue, Apr 15, 2014 | Deadly

		7		3			4	
	8				6	5		
	9		8					7
6							3	
			5					
4				5				
			1			8		
3								

No: 106 | Wed, Apr 16, 2014 | Easy

	7	9	4			1		
6	5							
						3		
1						7		
				8	3			
				5				
	8						5	9
		4	1					
			9				6	

No: 107 | Thu, Apr 17, 2014 | Moderate

		5	1		3	4		
				4				
		3			7			9
7		9	5			1		2
		2					6	
1					8			7
2				8	5	6		3
3		1	7		6			8

No: 108 | Fri, Apr 18, 2014 | X-Deadly

3						4		
		7		1				
				5		8		
9	5						1	
			8			3		
			6					
6			3					
	8						5	
				7				

No: 109 | Sat, Apr 19, 2014 | Cruel

	7					6	5	
			8	9				
			7		5	1		
4					6			
								3
8			9	3				
						7	6	
							4	

No: 110 Sun, Apr 20, 2014 Easy

		5	7		9	6		
	3	4						
7			5					
							4	8
							3	
6	1					5		
				7	8			
				3		9		1

No: 111 Mon, Apr 21, 2014 Moderate

7		9		4				
			2			8		5
						3		
6				9			7	
	5							
	8		5	1				
4							6	
			3					

No: 112 | Tue, Apr 22, 2014 | Nasty

	5		2					
3		1				4		
	6			5		2		
6						5		
		8		7			1	9
						8	4	
	1	4	8		5			6
				1	6			
				9		7		

No: 113 | Wed, Apr 23, 2014 | Cruel

1						3	5	
				6	7			
3	9					8		
	6			4				7
			5					
5			3					
							4	6
					1			

No: 114 | Thu, Apr 24, 2014 | Easy

		8			9			
				7			3	
	6						5	
		9				1		
5			6					
			3					
7						9		4
	3		1	6	8			
						8	1	3

No: 115 | Fri, Apr 25, 2014 | Moderate

5						6		
				3				
							5	
			4				7	3
2			5					
								9
			1		7	4		
8		3				2		
	9							

No: 116 | Sat, Apr 26, 2014 | Nasty

		3			2	4		
	1			5			6	
					4			9
8		4	5				1	
		1						
3		6	2				4	
					6			1
	8			4			7	
		2			8	6		

No: 117 | Sun, Apr 27, 2014 | Cruel

	2		4		1		6	
			3			1		
7								
				9		7		5
	4		6					
5				7				
3							4	
					5			

No: 118 | Mon, Apr 28, 2014 | Easy

		1	7				6	2
			8		3			
						5		
			4	6			8	
7	3							
		5						
				1		9		
3	4							
8	1					6		7

No: 119 | Tue, Apr 29, 2014 | Moderate

5		4						
			6					7
9								
			8		6			
						9	5	
			1					
	6					3	1	
7	8							
				9		4		

No: 120 | Wed, Apr 30, 2014 | Nasty

		2		1	6		4	3
4			5				7	8
9					4			
	4					8		9
8		7						6
		3					2	
	2		1	5				4
		8			2			
				8		3	1	

No: 121 | Thu, May 1, 2014 | Cruel

8			7			9		
1		3						
	5	4					3	
	9		5					
			8					4
2						5		
				3	6			
				4				

No: 122 | Fri, May 2, 2014 | Easy

	3		9	1				6
			8				1	
						7		
8			5					9
7		5	4					
							3	
				9	6			
1						5		
				3		9		2

No: 123 | Sat, May 3, 2014 | Moderate

8								3
		6	4					
9								
				8		9		
	4	5						
						2		
	7					8	6	
1				3				
			5				4	

No: 124 | Sun, May 4, 2014 | Nasty

			2					
9		7	4		1			5
		1				9		
	9				6	5		3
				2		8		
	1				4	6		9
		2				7		
4		6	3		9			2
			8					

No: 125 | Mon, May 5, 2014 | Cruel

	4					6		2
				5	1			
			9		4		5	
	2		6					
3								
5				8			1	
			2			4		
9								

No: 126 | **Tue, May 6, 2014** | **Easy**

	3			8		5		
			4					
	1							
	7		9			1		
6			7	4				
5						3		
2							7	
					3			
					2	6	4	

No: 127 | **Wed, May 7, 2014** | **Moderate**

8			3					6
	7				4			
	1		9			7		
				8			5	
			6	3				
					5	2	1	
3								
6							8	

No: 128 | Thu, May 8, 2014 | X-Cruel

	1					7		9
			5		4	8		
			2					
				7		4		
5	6							
2								
			6				3	
8	7							
							2	

No: 129 | Fri, May 9, 2014 | Cruel

7			6	9				
	6		5					
	9					4		
5					8			
				1	4			
						3		
		4						1
			9				6	
3								

No: 130 | Sat, May 10, 2014 | Easy

	3	5	7					
						9	8	
9		1						5
8			4	1				
						3		
				8	3			
6							4	
	7			5		1	9	

No: 131 | Sun, May 11, 2014 | Moderate

8		7				1		
				5	3			
			8			9		
	4	6						
7	5							
1	3						5	
				6				2
			7					

No: 132 | Mon, May 12, 2014 | Nasty

			8					6
1		3		6		5		
		5	1		2		7	
3								
	7					2	8	
9								
		4	6		3		2	
6		1		2		9		
			5					7

No: 133 | Tue, May 13, 2014 | Cruel

5				6				
				8				2
	9						4	
			9			1		
	2		4					
								6
3			1				9	
8		6				7		

No: 134 | Wed, May 14, 2014 | Easy

	7			2	9		6	
				5		4		
8			1					
	8		6		7			
						5		3
5		4		8				
			9				7	
3						1	5	

No: 135 | Thu, May 15, 2014 | Moderate

6				9		1		5
		3						
1	9					6		
			3		4	8		
			7					
			4				7	
	2						3	
5								

No: 136 **Fri, May 16, 2014** **Nasty**

5							3	
				9	8	5		7
				1	2		9	
	9	7				8	2	
3						6	5	
1	7				9			
		6			5			
		4		7				9

No: 137 **Sat, May 17, 2014** **X-Deadly**

				9		8		
	6			1				
		3						
			3		7	9		
1						6		
			5					
8	9							
7							5	
			4				3	

No: 138 | Sun, May 18, 2014 | Easy

	7			6		8		5
	6	3						
			3		7		6	
8						4		
			1					
			9			1		
5				8				
			6	1			3	

No: 139 | Mon, May 19, 2014 | Moderate

2					1			
						7		2
				9				
			8				1	
		3	2					
							5	
1	9					6		
			6	3		4		
5								

No: 140 | Tue, May 20, 2014 | Nasty

			7	4				
	1		3		5			
4		9		1				
							7	
		2				8		9
3	8						4	2
				3		4		
2	9		4				6	
6	5		9			1		

No: 141 | Wed, May 21, 2014 | Cruel

			9				4	
	6					1		
			7					
2						6		
				9		5		
7			8					
3	5			6				
					2		8	7

No: 142 | Thu, May 22, 2014 | Easy

	5					1	8	
	4	7						
			3					
3			9			5		
						7		4
								6
	6			7				
9				4				
1							9	2

No: 143 | Fri, May 23, 2014 | Moderate

				5		9		
			6	8				
					9	1		
6	8							
4								
3	9						6	
			7				8	5
		1			2			

No: 144 | Sat, May 24, 2014 | Nasty

6				2				
		8			7	6		
			4	5		7		
8	5						3	
	3				4			1
1	6						8	
			5	8		2		
		9			1	8		
5				6				

No: 145 | Sun, May 25, 2014 | Cruel

	3	5	9					
		6					7	
								1
7								6
1	8							
			3					
						5	3	
4				1				
				8		9		

No: 146 Mon, May 26, 2014 Easy

	5	7	2				1	
			4		3			
1			6					8
3						4		
				5				
	6					9		
4			8					
2			9	7			5	

No: 147 Tue, May 27, 2014 Moderate

				6		9		
	4		2					
7	3			5				2
4								
		5	4			1		8
3	1		9	7			6	
				4				
	8		3			5	1	
			1		6	7		

No: 148 | Wed, May 28, 2014 | Nasty

		4				1		
		1	5				9	6
3	2		1				5	
	7	5				3		4
					8			
				4		7	1	
6			4		7			
	9	3			1			
	1		6					

No: 149 | Thu, May 29, 2014 | X-Cruel

			8		7	6		
5		3						
							5	9
4							3	
			6					
	8		5	9				
	7					1		3
				4				

No: 150 | Fri, May 30, 2014 | Easy

	9		7	4				
	2					3		8
		5						
1		2	4			5		
3								
			8					
8	7						6	
				2	3			
							5	1

No: 151 | Sat, May 31, 2014 | Easy

4	6	9						3
				7				
					6			
8	3		1					
		7				6		
						5	2	
			4	8		9		
	5						6	
			3					

No: 152 | **Sun, Jun 1, 2014** | **Moderate**

6				5			4	
					4	3		2
			8			7		
		6		1				
2			5			9		8
	7							
	6	2		7				
5							3	4
	9			6			5	

No: 153 | **Mon, Jun 2, 2014** | **Nasty**

		9				1		
		2	8		7	4		
			3	5	1			
	7	5				3	8	
	3		7		5		1	
8								2
			5		6			
			1		4			
	2						7	

No: 154 | Tue, Jun 3, 2014 | Cruel

8			6	4			9	
	3						1	
		7						
					3	7		
6	1							
5						3		
			1			2		
			9	8				

No: 155 | Wed, Jun 4, 2014 | Easy

	9	3						
				1		7		
	5		6				9	
1				8				
7								
			9		3			2
4	7					1		
			8		1	5		6

No: 156 Thu, Jun 5, 2014 Moderate

				2				
		1				2		
	2		6		9		3	
	4	3				5	1	
		6				7		
	7		3		2		8	
	6	8				3	7	
5				8				4
	1		9		4		5	

No: 157 Fri, Jun 6, 2014 Nasty

9				8				
				7		9		
		1	2				8	4
		6	7					5
5	7				8			2
				4				
	3						5	
		4				1		
		2	4	3				

No: 158 Sat, Jun 7, 2014 Cruel

			3		7		6	
	9					1		
			6				5	7
	8			9				
7		3	5					
				4		9		
6						8		

No: 159 Sun, Jun 8, 2014 Easy

	8	1	5	9			4	
3								
6			1		3			
						7	9	
2								
	7	4						3
	9			4				
			2			5		

No: 160 | Mon, Jun 9, 2014 | Moderate

	6		8					
7				2			8	
			1	6		4	9	
4		5						
	3	6					7	
						2	3	1
		3			1			2
	9	7		5	2			
					3	9		

No: 161 | Tue, Jun 10, 2014 | X-Cruel

	7		1					6
4			8					
					9	8		2
6						7		
	1				7	5		
9						3		
					2	9		7
3			9					
	5		3					8

No: 162 | Wed, Jun 11, 2014 | Cruel

3	7		6					9
			9			4		
	8							
5				7		3		
				8	2			
							2	8
1			4					
							5	

No: 163 | Thu, Jun 12, 2014 | Easy

	8		1		7			
							6	3
			9					
	1		8			7		
				3				
4								
6		3		5				
						1	7	
5					8	3		

No: 164 | Fri, Jun 13, 2014 | Moderate

			4					3
	4	7				9	8	
	6	3		7				5
1				4		2		8
		8	9		2			
				1				
	3		2				6	
	1					4		
8		9	6					

No: 165 | Sat, Jun 14, 2014 | Nasty

	2		4	6			8	
		4				1		3
					9			2
	7	8	6		1	9	3	
2			8					
8		9				5		
	5			4	3		7	

No: 166 | Sun, Jun 15, 2014 | Deadly

6				1				
						8		9
						5		
			3		8			
			9			7		
7							6	
	8	9	5					
				6			7	
								4

No: 167 | Mon, Jun 16, 2014 | Easy

4	9					1		
	8				6			
	2		4					7
				7	8		6	
5	6		2		9			
		8		4		2		
			5					
				2		5	3	9
				8				1

No: 168 | Tue, Jun 17, 2014 | Moderate

					6		7	2
					2	9		
		8	3		1			
		2	9			5		6
8	9	1				3		
	1		4		5			7
4								
6			8			2		

No: 169 | Wed, Jun 18, 2014 | Moderate

	8						5	1
7			6					
			4					9
				1			9	
4						6		
3								
	9	5		8				
						3		
			7					

No: 170 | Thu, Jun 19, 2014 | Nasty

	6		9			5	3	
2								
		4	7	8		2		
9		7	1	3				
		3	4	6			7	
								2
8		6				7	1	
3				4		9		
					8			

No: 171 | Fri, Jun 20, 2014 | Deadly

2							8	
			7					5
3								
	7		8		6			
			5			3		
						4		
	5						6	
				9	3			
				4		1		

No: 172 | Sat, Jun 21, 2014 | Easy

		2				8	7	
			6				2	4
8		1					3	6
	5					4	9	
				1		5		8
								3
			3	6		7		
	1	3	2				5	
	6	7		5	1			

No: 173 | Sun, Jun 22, 2014 | Moderate

5		6			1			
	2			8	7			
	1		9					
	5	9	6				4	7
	8		7				6	
				2	8	1		
					9			5
				5	2	7	3	
								4

No: 174 | Mon, Jun 23, 2014 | Nasty

							1	
		4		2			5	
3		2	1			7		
					5		9	8
		6				4		
9	2		3					
		5			2	6		4
	4			7		5		
	3							

No: 175 | Tue, Jun 24, 2014 | X-Deadly

	5	1				9		
								7
	6							
8				3			5	
7				6				
			7			1		
			9				4	
3								6
			1					

No: 176 | Wed, Jun 25, 2014 | Easy

	3			7		8		
5		8	3				9	
	9					2		
	5			8	3			7
6			9					
			6				4	8
4		5						
	7				2			
		9	1		6			

No: 177 | Thu, Jun 26, 2014 | Moderate

					3			6
							2	
4	7			5	9			3
3			4					
5		4		2		7		
8			9					
9	1			7	8			5
							3	
					2			1

No: 178 | Fri, Jun 27, 2014 | Nasty

3	8							2
			2	5				4
	4				8			6
4				1				
	3						9	
				2				8
2			9				6	
7				3	1			
5							3	7

No: 179 | Sat, Jun 28, 2014 | Cruel

3								9
			1	8				
							2	5
9				2	5			
							4	
						7		
			7			1		
5	8							
2		6						

No: 180 | Sun, Jun 29, 2014 | Easy

8		9	5	4			1	
		4						6
5	1			2				
			2	7				
					1	4		5
					5			8
6	8						3	2
		7				8		
		3				9		7

No: 181 | Mon, Jun 30, 2014 | Moderate

	5	2						
					1		6	
		1	6			4	5	
	6				2			7
	2		8	9				
	3				7			1
		4	7			5	1	
					8		3	
	9	3						

No: 182 | Tue, Jul 1, 2014 | Nasty

9			1					7
1	2					8		
	6	3					4	
			6		5		7	
2			4					8
			9		7		2	
	9	6					3	
7	1					4		
8			7					6

No: 183 | Wed, Jul 2, 2014 | Deadly

			2	4				
	9					7		
8								
	5	7			8			
			1					4
							3	
4		2					1	
				3		5		
1								

No: 184 **Thu, Jul 3, 2014** **Easy**

6				4	9		5	2
		2		8				
	4		7					
		6						5
3	7						4	
						9	7	3
					4	3		
1				3	2		6	
2			9		1			

No: 185 **Fri, Jul 4, 2014** **Moderate**

			2	5	6	9		
				9	7		2	
						3		
3							1	5
1	7					2		
8	6							
9		7		3				4
	4		6				3	
			5			7		1

No: 186 | Sat, Jul 5, 2014 | X-Cruel

7	9		4			3	2	
			3		5			
					8			1
	3							9
	8	4				5	6	
5							1	
4			1					
			8		2			
	7	9			4		8	2

No: 187 | Sun, Jul 6, 2014 | Deadly

	9						7	
6			5					
							1	2
				2	7			
5						9		
							8	
			6	9		3		
	1					4		
		7						

No: 188 | Mon, Jul 7, 2014 | Easy

			8			1		7
	2	7	1					3
	9						6	
4	6			2				
			5		9		8	
				1		9		
6					3	8		
		5		4				
3	1				7	6		

No: 189 | Tue, Jul 8, 2014 | Moderate

6	1		2					4
	7	9			4			
	2				1			
						8	6	
5			3					
		8		2				3
		4	9				7	
						3	5	2
7				3				8

No: 190 **Wed, Jul 9, 2014** **Nasty**

			5				2	4
	7							
	3	2		1	4			
8			9	7		6		
								5
5			3	2		8		
	5	1		9	7			
	8							
			2				6	1

No: 191 **Thu, Jul 10, 2014** **Deadly**

8				5	6			
		1					9	
				4				
							3	7
5	6							
9								
	3		9			5		
		7	3					
						4		

No: 192 Fri, Jul 11, 2014 Easy

	9	8					1	
	6							5
1					2	6		
5			2		7			1
				6	1	5	4	
6			4		3			9
2					9	4		
	4							8
	5	1					9	

No: 193 Sat, Jul 12, 2014 Moderate

3		2	4	6				
	7		1		3			
			2	9				
		7	3				4	
						3		9
4					6	5	8	2
	9				4			6
		5					1	
			5					3

No: 194 **Sun, Jul 13, 2014** **X-Cruel**

			2	1		9		7
	3		7				4	
					8	2		
8	6						3	5
7								6
		5					7	
4		7						
	2		8		6			
3			1	9				

No: 195 **Mon, Jul 14, 2014** **Deadly**

8							5	3
			4	9				
2								
5			1				3	
	6					9		
	9			5		7		
	4	7						
					3			

No: 196 | Tue, Jul 15, 2014 | Easy

			6		9		1	
	5				1			9
9			4	8				
	6			9	7		3	1
					4	7		
	8	9				5		
6	1		2					
		3	7		5		2	
		2				3		

No: 197 | Wed, Jul 16, 2014 | Moderate

		7					3	
				8		5		
2				9				
8	2							
						6	7	
4	9							2
			7		6			
1			3					

No: 198 | Thu, Jul 17, 2014 | Nasty

	4			8	7		6	
						1		2
6		5		2			4	
5	2							3
				6		2		5
		7						
			3			9		
3					5			7
	9				4	3		

No: 199 | Fri, Jul 18, 2014 | Deadly

	4		1		3	8		
			9					
7								
				5		9		7
		3	8					
6								
5				7	6			
							3	
						1		

No: 200 | Sat, Jul 19, 2014 | Easy

8		9					1	7
	3				7	6		
			5					
2				4			5	
			2		3			
	6			5				2
					6			
		1	3				2	
4	9					8		6

No: 201 | Sun, Jul 20, 2014 | Moderate

		6		4	7			
	9							3
						5		
7				1			6	
5		8						
			9					
3						8		
	2						7	
			3					

No: 202	Mon, Jul 21, 2014	X-Deadly

	3		6					
				2			4	
			5			1		3
				4		6		
2								
			3		7	5		
4		2					8	
9								

No: 203	Tue, Jul 22, 2014	Deadly

			5				7	
	1		8					
	2				6			
7							5	
					2	4		
				3				
				9		3	1	
6			7					
						2		

No: 204 | Wed, Jul 23, 2014 | Easy

1			3		2			5
2			9		7			8
		8				1		
	5						4	
		3	1		4	9		
		7				8		
	6		4		9		3	
	2						1	
3	7							9

No: 205 | Thu, Jul 24, 2014 | Moderate

	3			9				
					4	7		
7		4			1			
			7					5
			6				3	
6						1	9	
8			3	5				

No: 206 | Fri, Jul 25, 2014 | Nasty

6						9		
9	5			1		4		
1							8	2
				2	3			
	7		8		4		3	
	8			9				
	9							
		2	5	3			7	
						8	1	5

No: 207 | Sat, Jul 26, 2014 | Deadly

	3		8					
				5		1		
								6
			5				3	
1								9
7			3					
6					1	7		
	5						8	
				4				

No: 208 | Sun, Jul 27, 2014 | Easy

	1			3	4			
				1		9		
8		5	9				6	
	7							2
6							9	8
2						1		
3		8				5		
					3			9
1		6	5	4		8		

No: 209 | Mon, Jul 28, 2014 | Moderate

	3		6	1		9		
7								4
	5							
						6	3	
				4	7			
				8				
			5			3		
8			9					
4								

No: 210 **Tue, Jul 29, 2014** **Nasty**

			6		5			
	4			3			5	
			8		7			
	1	3				2	6	
4		7				8		3
		2				6		
7			4		8			5
6			3		1			7

No: 211 **Wed, Jul 30, 2014** **Deadly**

7			9					
						6		3
				2		5		
3			7					
				5		8		
1							9	
			4				3	
	5	2						
	6							

No: 212 | Thu, Jul 31, 2014 | Easy

				1				
9	4	7						5
	1		6					7
			2			6		
2	3						8	1
		5			4			
6					9		1	
5						8	9	3
				8		5		

No: 213 | Fri, Aug 1, 2014 | Moderate

	7					6	1	
			8	3				
	2							
8			1				7	
3		5						
	1		4					
9						3		
					5	9		

No: 214 | Sat, Aug 2, 2014 | Nasty

						1		
				5			8	
8	4	2			6			9
		8				4		
	5		7				1	
		1		3				
			4		3	6		
5				6		7		
4	3					8		

No: 215 | Sun, Aug 3, 2014 | X-Cruel

		3			8	4	5	
5	9			1				3
		8						6
9				6				4
	5			9	7		3	
8	2							
						2		5
			1	4			9	
			9		2		4	

No: 216 | Mon, Aug 4, 2014 | Moderate

	7	3				2		
				4	6			
			9					
				8		3	7	
5					1			
							9	
6	9							1
			3					
1								

No: 217 | Tue, Aug 5, 2014 | Nasty

9		7		4		1		
		8		7			2	
	6			3				9
2		6						
	8					2	7	6
			5					
					6		1	4
	4			9		3		
					3			2

No: 218 | Wed, Aug 6, 2014 | Easy

				1	4	2	8	
		5		3				
	4						3	
		2				7	6	
6				4				8
	1	3				4		
	9						7	
				8		3		
	3	7	1	2		5		

No: 219 | Thu, Aug 7, 2014 | Moderate

	5	3						
			9					7
7			2					
						3	6	
			1			5		
4					8		9	
	6			3				
				5		8		

No: 220 | Fri, Aug 8, 2014 | Nasty

		7	9					4
2				6			7	
			8			3		
9	7	6						
		5					2	
						5		6
				2	7			1
5	3				1			
	9				8		6	

No: 221 | Sat, Aug 9, 2014 | Deadly

8						1		
				3	9			
			5					
6	9					3		
				4		2		
		7	1					
			8				9	5
3								
							7	

No: 222 | Sun, Aug 10, 2014 | Easy

		6						
		5			8		4	2
	9					7	6	3
1			8		7	4	5	
	6	8	2		3			7
5	1	7					3	
9	2		4			5		
						2		

No: 223 | Mon, Aug 11, 2014 | Moderate

	4	3						
			1				9	
6	5		8					
					2	3		4
								7
				7		4		
8							5	
9			6					

No: 224 | Tue, Aug 12, 2014 | Nasty

	7						5	
8	6	5		1				4
9				8				
7		8	6		4			
						6	7	
	2				3			
					7		4	
			4				6	2
5					8	7	9	

No: 225 | Wed, Aug 13, 2014 | X-Deadly

			6			1		
		3						5
	8		7					
6						7		
1	9							
			3					
5					1			
				8			3	
		4				6		

No: 226 | Thu, Aug 14, 2014 | Easy

8			7			2		
3				1				
9		1	2					6
			9	8				
					4		2	
	5				1	8		3
		8				3		
7			3					
	4					6	5	8

No: 227 | Fri, Aug 15, 2014 | Moderate

	2	8	4					
							6	
								3
		1				8	5	
	9			3	6			
				7				
7			5			9		
3								
					8			

No: 228 | Sat, Aug 16, 2014 | Nasty

	8				1		5	
4			8					7
	2	7			9			
			4			1		8
				7				
		4	2		5		9	
7		5	1			6		
						3		4
		8					1	

No: 229 | Sun, Aug 17, 2014 | Deadly

		1	7					
	4					9		
								5
8			6				7	
	3			4				
							5	
7					2	3		
				3		4		
		6						

No: 230 Mon, Aug 18, 2014 Easy

			3		8		6	9
		1	7	9				
	3		1			8		
4	9	8						
	5					6		
7					5		4	
		2		1			7	
3					4	9		
6					9	2		

No: 231 Tue, Aug 19, 2014 Moderate

3			4	9				
	7						8	6
			5			9		
	6	8						
4								
			1	6				
				7	8			
5						2		

	9				5		2	
1						5		
		2					6	9
			7		9	8		6
				4				3
3			6					2
	1		3					
2		3					9	
		6	9	8	7			

No: 233 | Thu, Aug 21, 2014 | Deadly

						5	6	
8				4				
							7	
			9		6			
4								3
			5					
				1		3		8
		5	7					
	9					4		

No: 234 | Fri, Aug 22, 2014 | Easy

1				4			2	
7		9	1				5	
3			6					
		7	4			9		
	3						7	
		4			2	6		
					6			5
	2				1	7		9
	9			8				1

No: 235 | Sat, Aug 23, 2014 | X-Cruel

			7					5
	9		6	8				1
		4		9				
6	8				3	1		
		3	1				8	4
				3		2		
8				1	2		7	
3					9			

No: 236 | Sun, Aug 24, 2014 | Moderate

4		9		6	8			
7								
	8	5				9		
6		3	9		2			5
	7			5				3
	4				1			
					7	2		1
			1	2		7		
					6		5	8

No: 237 | Mon, Aug 25, 2014 | Nasty

			1	8			7	
		3		4	9		5	
	8			6				
4								9
8	9	5		2				7
	1					5		
					3	9		
1	6							4
			2	1			8	

No: 238 | Tue, Aug 26, 2014 | Deadly

			5		1		6	
4						7		
3			9					
7				4		3		
	9						5	
	1	5	8					
				3				
	2							

No: 239 | Wed, Aug 27, 2014 | Easy

	1			8	5			
					1	4		
					4	7	6	1
			4	9		6		
4			3					
7	2	3			6			
	3	2	8					
		6						2
		5					7	8

No: 240 | Thu, Aug 28, 2014 | Moderate

			7			4		9
7				1				
			5				8	
8	7	9				5		
	6						1	
		5				8	3	2
	8				2			
				9				3
3		2			6			

No: 241 | Fri, Aug 29, 2014 | Nasty

9			7		5			1
		4				2		
5		1				9		7
			6		1			
6		5	9		3	7		2
			4		7			
3	2						1	6
4								9

No: 242 Sat, Aug 30, 2014 X-Cruel

	1		9					
					4	7		
				1	2	3		
8	9							
		5						
			3				9	1
4							5	
7				6				

No: 243 Sun, Aug 31, 2014 Easy

	6	5	8	3				4
3		2			9			
7	1		6					
4		7		9				
1			5		4		8	
	8			7			2	
							3	
				6	1	7		
2		1	4					9

No: 244 | Mon, Sep 1, 2014 | Moderate

5			8				4	
	8			5	6			1
6			1					
	9	4						
		6				4		
						9	7	
					3			5
8			7	2			6	
	1				8			2

No: 245 | Tue, Sep 2, 2014 | Nasty

		6			1	4	3	
	1			9	6	2		
7					2			
				8				1
	8		5				4	
3	7	9					5	
2	9							
6				3	7			
			2					

No: 246 | Wed, Sep 3, 2014 | Deadly

3							8	1
				7	6			
	6			9		7		
								8
1								
	9					6	5	
8		4	1					
			3					

No: 247 | Thu, Sep 4, 2014 | Easy

	2		8		9		4	
	5		6		3		1	
	9						7	
8	3						2	1
1		2				9		3
			4		2			
				6				
9			1		8			4

No: 248 | Fri, Sep 5, 2014 | Moderate

5				6				3
2	7						8	9
			2		7			
		4	5	9	6	2		
1								7
8		7				5		4
			4		2			
	4						3	

No: 249 | Sat, Sep 6, 2014 | Nasty

						1		
				9	5	8		
			8		2	3	9	
		4		2				5
	7		5			2		
	1	5					7	6
7	2	9		1				
		3			8			
			9		3			

No: 250 **Sun, Sep 7, 2014** **Deadly**

		3			4			
								9
							7	
7	4						5	
2				3				
			8			6		
		8		1		3		
			2			4		
	7							

No: 251 **Mon, Sep 8, 2014** **Easy**

	6			8				9
		7	1	6				3
			7					2
7	9					1		
		1					9	8
5					2			
9				4	5	3		
1				7			6	

No: 252 | Tue, Sep 9, 2014 | Moderate

	1	4		7	8			6
6			9			4		
9				5				
	9			2				
2		7	1					5
4							3	
	2							
					5		2	1
5				9			4	

No: 253 | Wed, Sep 10, 2014 | Cruel

	5		8			7		
6		2		7				
	8							4
8					2			
		4	6				2	
		5	1	8				7
			7	1			6	
1						5		8
	9				6		3	

No: 254 **Thu, Sep 11, 2014** **Deadly**

6				7				
	4							
						9		
3	6			5				
5		7						
			4			8		
	9		1		8			
			9				5	
							3	

No: 255 **Fri, Sep 12, 2014** **Easy**

3		2					8	
	6			9				1
	9	4			2	3		
		3	6			2		
	5			8			9	
			1		3			
		8			5	6		2
				6		1	4	
9	7							5

No: 256 | Sat, Sep 13, 2014 | Moderate

	2						1	
7								6
	9		5		6		3	
		7				5		
3	4			6			8	2
			2		4			
			1		3			
1			6		2			4
4								3

No: 257 | Sun, Sep 14, 2014 | Cruel

1		2		5		9		
	9			8	7			1
	4		6			7		
		1	7			3		8
				9	2			
		7		2				5
8					3	1		
	6							3

No: 258 | Mon, Sep 15, 2014 | X-Cruel

		4	5			9	2	
							1	
1			2	4		6		
2		6		3				5
		1	8	5		2		
							9	
6		3		8				
8	7				1		5	
			6					

No: 259 | Tue, Sep 16, 2014 | Easy

5				6	7		8	
				8				7
		8	1	2	3			
						5		3
4			5			9	7	
	9			1		6		
	3					8		
		4	6					
				9				1

No: 260 | Wed, Sep 17, 2014 | Moderate

				6	8	3	2	
		6						5
2	7							4
6	4							1
5			9					3
1			6	5				
							7	
					2	4		
			3	9	7	5		

No: 261 | Thu, Sep 18, 2014 | Cruel

						8	3	
			3	5				7
	4		1					9
9								
4	6		2				7	
1	3		7	8		5	6	
6			9	1		4		
	1		8	4	6			

No: 262 **Fri, Sep 19, 2014** **Deadly**

5			9					
	6						2	
			3					
				2	1			8
3		9				7		
4								
	2			6	8			
						9	7	

No: 263 **Sat, Sep 20, 2014** **Easy**

	1	3					7	8
					8	5		
				2				
7			9		5			
5							2	
			1				3	
8				6		7		
	4							
			3				8	9

No: 264 | Sun, Sep 21, 2014 | Moderate

		9				5		
	1		7		4		2	
2								1
6				7				9
			4		6			
1			5		8			6
			9	3	2			
		8				2		
		7				4		

No: 265 | Mon, Sep 22, 2014 | Cruel

6	7	1			9			
				8			2	
	5		7					
7							5	
	2	9	5				7	8
8							1	
	1		9					
				7			6	
5	4	6			3			

No: 266 | Tue, Sep 23, 2014 | Deadly

1		9		3				
							4	5
			6		5		7	
3								
					4			
			5	8		3		
	4	6				9		
	7							

No: 267 | Wed, Sep 24, 2014 | Easy

	4					2	1	
1			3	7				
				9	1		5	
3		8						
6					4			
7			6			3		8
						7		
	1					5		9

No: 268 | Thu, Sep 25, 2014 | Moderate

3								9
				1				
6			2	8	7			3
2		3				7		4
		7				1		
9								8
	7		4	5	3		6	
		5	6		8	9		

No: 269 | Fri, Sep 26, 2014 | X-Cruel

6					2			9
		9	4	6			2	
			5			4		
		7					3	
	3						6	
	2					7		
		1			9			
	8			5	3	1		
9			7					5

No: 270 **Sat, Sep 27, 2014** **Deadly**

	8		9					
							3	6
					8	1	5	
				7		8		
4				3				
3			5					
	5	7						
			1					4

No: 271 **Sun, Sep 28, 2014** **Easy**

	4		8				6	
				2				7
	3							
9			5					1
			4			3		
5								
7				9				
						6	9	
					6	4	7	

No: 272 | Mon, Sep 29, 2014 | Moderate

	1		8	5				
		2				6		
				4			7	
6			5				4	
			3	1				
7					6	9		
						1		3

No: 273 | Tue, Sep 30, 2014 | Cruel

	5			3	9			7
	3		2			5		1
	2	4			7	3		5
					6			
	8	1			3	2		4
	1		6			7		8
	4			7	8			2

No: 274 Wed, Oct 1, 2014 Deadly

1		3						
			4					2
	4				3			7
				1		6	9	
				5				
9			8			5		
	2		7					
							1	

No: 275 Thu, Oct 2, 2014 Easy

	2	3						
			5	4		8		
			9					
			6				3	7
4				8				
	6		3		7			
1						4	8	
						5	7	6

No: 276 | Fri, Oct 3, 2014 | Moderate

	4	5				6		
			3					
							8	
				6	5			4
8	3					1		
7								
1			8				9	
								7
				4				

No: 277 | Sat, Oct 4, 2014 | Easy

		4					2	
					3			1
		8		7	6		4	
	6						3	9
3			5		9			6
4	2						8	
	1		6	4		5		
5			7					2
	9							

No: 278 **Sun, Oct 5, 2014** **Deadly**

			6		3			
	2						8	
3	4	5						
6								9
							2	
	1		7	8				
9						3		
				2		4		

No: 279 **Mon, Oct 6, 2014** **Easy**

3				5		6	8	
	1	2	7					
6	4					5		
			1					
						9		
5				6				
			4	1	3	7	2	
					9		1	

No: 280 **Tue, Oct 7, 2014** **Moderate**

3						9		
				7	6			
				1				
9						3		8
	7						6	
			5					
5		4	3					
							1	7
			8					

No: 281 **Wed, Oct 8, 2014** **X-Cruel**

		8				2		5
				3	7		9	
9			5				3	
		1						4
	6			7		1	2	
	9							
1				2				9
	8	5		4				
4			8			3		

No: 282 | Thu, Oct 9, 2014 | Deadly

4	3			6				
				5				7
						8		
				3			9	
		7	1					
5						2		
			7		2			
	9						3	
			8					

No: 283 | Fri, Oct 10, 2014 | Easy

3			5	6				8
	1					7		4
				7		9		
5							6	
					4			
			6				9	
8		7						
			3			4	7	

No: 284 Sat, Oct 11, 2014 Moderate

9		4				2		
			8					
2								
	8	5	7				3	
						6		
1								
	3				2			
							8	5
6				9				

No: 285 Sun, Oct 12, 2014 X-Cruel

		8	9			6	3	
					5	1		
		7		4				
			8	6				4
		1				2		
6				3	2			
				1		4		
		2	5					
	9	5			3	7		

No: 286 | Mon, Oct 13, 2014 | Deadly

	4	7						1
	8			3				
5						3		
							6	9
			7					
3						8	5	
			9		7			
6			1					

No: 287 | Tue, Oct 14, 2014 | Easy

3		5		6				
			9				7	
		8						
9	1		4					
						8		3
						6		
	7				1		9	
				8				
4						5	8	

No: 288 | Wed, Oct 15, 2014 | Moderate

8				4			5	
			6				4	7
		3						
9			8			1		
				7				
5	7				9			
			1			3		
	4							

No: 289 | Thu, Oct 16, 2014 | Cruel

	5		9					
						4		
						8		
			3	8			5	
	2						9	
6				4				
8						7		
1							3	
4			5					

No: 290 | Fri, Oct 17, 2014 | Easy

7					8			6
	9		3					
	5		4	7				
						8	1	
				2		6		
			5				4	
6		2						
8						7	6	

No: 291 | Sat, Oct 18, 2014 | Moderate

8		1					3	
3				7				
			4					
	5		6			4		
			9					
2								
				8	3			
	4					5		3
5		6				9		

No: 292 | Sun, Oct 19, 2014 | Cruel

			9				3	
7								5
				6				
	4		1					
		3						
						7		
3			8		5			
	1					4	9	
				7		6		

No: 293 | Mon, Oct 20, 2014 | Deadly

			1				4	7
8		3						
	1			4	5			
6						8		
						9		
	7						5	
9			2					
			8			3		

No: 294 **Tue, Oct 21, 2014** **Easy**

7			6					1
			5		8			
							3	
1	2			4				
				9		6		
3								
			7	3				
		6				8		
	5					3	4	

No: 295 **Wed, Oct 22, 2014** **Moderate**

6					7	1		
	9	7			1			
								8
					9		1	5
	6	5		4				
3	8							
	2			7			4	
		6	3	1			9	
			4					2

No: 296 | Thu, Oct 23, 2014 | X-Cruel

	1	2		7				
				6				
5					1	4		
	2		7		3	6		
6	4						3	7
8					6			
								8
4				5	9			2
	8		3	1		5		

No: 297 | Fri, Oct 24, 2014 | Easy

5		1	2				6	9
			1		3			
	1	8					7	
				9				
	7							
9		4		6				
						7		5
			8			1		6

No: 298 | Sat, Oct 25, 2014 | Moderate

		4			2			
		6	9					4
1	5						2	
	8				3		1	
				1		3		2
3			5			8		
				3	4		6	
		7	6			1		
	4			8				

No: 299 | Sun, Oct 26, 2014 | Nasty

				9			3	
		8			1			2
				5	4	7		
					6	4	8	
			8			9		7
	6			4				
9		3					2	
4			7					
1	8	6						

No: 300 | Mon, Oct 27, 2014 | Cruel

						9		3
4				2				
						6		
1			7					
			9		3			
	5						2	
	3	7						
				8			5	
6		9						

No: 301 | Tue, Oct 28, 2014 | Easy

5			3					
						1	9	
								7
	8			6				
	7						1	
			9			5		
			4	7				8
1						6		
3						7	5	

No: 302 | Wed, Oct 29, 2014 | Moderate

1	9	8		2				3
4						2		
6								1
			6					
2					8		6	
				5			9	2
	5						1	
				7	6	3		
9		7			4			

No: 303 | Thu, Oct 30, 2014 | X-Cruel

	8		2			9		
	6					5		
				3				
3		5						1
1							6	
	2		8	5				
7							1	
			9					

No: 304 | Fri, Oct 31, 2014 | Easy

5	8						2	
				1	3			
6								
	7	1					6	
		4		9				
			5					
2			8					
						4		1
						9	8	2

No: 305 | Sat, Nov 1, 2014 | Moderate

			8					
					6	3	2	
6	4							9
2				5		1		
		5		4		9		
		1		9				3
3							7	6
	1	2	9					
					5			

No: 306 | Sun, Nov 2, 2014 | Cruel

				6		3	5	
	4		7					
						2		
	7		9					1
					3	6		
			8	4				7
2							9	
3								

No: 307 | Mon, Nov 3, 2014 | Nasty

		4					2	
5		8		3				
		6			5			4
3		5	4	8				
				6	9	8		7
1			3			7		
				5		9		1
	5					4		

No: 308 | Tue, Nov 4, 2014 | Easy

9		1	6			4		8
			2	1				
						7		
				4	8			6
	3						1	
			3				5	
8			5					
7		4					3	2

No: 309 | Wed, Nov 5, 2014 | Moderate

9			1		4			5
						2		3
						6		
	5			2				
1							8	
				3				
7			9				4	
	3							
			8					

No: 310 | Thu, Nov 6, 2014 | X-Cruel

5			9					
							3	
			1					
				3		8	6	
7			5					
9								
		8		6		9		
						5		7
	3				4			

No: 311 | Fri, Nov 7, 2014 | Easy

9			7			6	8	
	5		4	1				
3			9		6			
		2					1	5
				5	2			
7						9		6
5							2	8

No: 312 **Sat, Nov 8, 2014** **Moderate**

6								5
			7				4	
			2					
3	8					6		
				5				9
	7		1					
						1	7	
9				6				
					3			

No: 313 **Sun, Nov 9, 2014** **Nasty**

7						3		
			3		4	8		
6				7			4	9
	8			5			7	
	7	6			2	1		
2							9	
	9	7		1				
		5		4	6			
			5			9		3

No: 314 | Mon, Nov 10, 2014 | Cruel

8		3						
				5			4	
			7			3		9
5	4			1				
7			3		6	8		
	2						1	
			9					

No: 315 | Tue, Nov 11, 2014 | Easy

8		7						
			5			6		
9							4	
				8	9			
	6					5		
	3							
			6	1	5			
4							9	
			3			7		1

No: 316 | Wed, Nov 12, 2014 | Moderate

6		3						
			8			2		
9							3	6
	1		7					
					1		5	
8	7					4		
			5	3				
				9				

No: 317 | Thu, Nov 13, 2014 | X-Cruel

					1	9		
8	6							
3								
	7		3	6				
						4	8	
				5				
5							3	6
		4			9			
			1					

No: 318 Fri, Nov 14, 2014 Easy

8	9				4			
						6		3
		6	1	3		5		
7	4						9	
			3	5				
9							8	
		8	6				3	5

No: 319 Sat, Nov 15, 2014 Moderate

			6	9		3	2	8
							6	
	2				5			1
4	8					9		
				1				
		3					4	5
7			4				5	
	5							
3	4	6		8	7			

No: 320 **Sun, Nov 16, 2014** **Deadly**

	3							6
				8			7	
				9				
9		8				5		
			1					3
7								
			3	1		4		
2							9	
			6					

No: 321 **Mon, Nov 17, 2014** **Moderate**

	2			1		7		
	3							
					6			
6		1		9				
			8				2	3
							7	
4						6		5
			3					
5							9	2

No: 322 **Tue, Nov 18, 2014** **Easy**

6	8	5				2		9
3			5	8				
			4					
	5		3		2			
		4				7	8	
	3						5	
1				7				
	7	9						

No: 323 **Wed, Nov 19, 2014** **Moderate**

		5		3				
			6		4			7
6					5	3	2	
	9						1	
7					3			2
	8	1		7				5
		6						
		7	2				8	
	2			4	6			

No: 324 | Thu, Nov 20, 2014 | X-Cruel

7				5		6		
		3					8	
9	5					1		
					4			5
			3					
	1		8	6				
					9		4	3

No: 325 | Fri, Nov 21, 2014 | Easy

6	8	3		9	5			
							3	
				6				
		2				6		9
	7		3					
						1		
1			4				8	
			2			5		
9	2						4	

No: 326 **Sat, Nov 22, 2014** **Moderate**

					2			5
			1			8	6	
		4						
	4			2			8	9
			8	4				6
3					9	2		
	5				8		1	
	3		5			9		
6			9	3				

No: 327 **Sun, Nov 23, 2014** **Cruel**

	1	4		2				
		2	5					
	6					1		
7			3					
						6		
						2		
5							7	9
					9		3	
				6				

No: 328 | Mon, Nov 24, 2014 | Deadly

	5		9					
			8			1		
						3		
	6						9	
					4			6
				3			5	
			6			8	7	
3		4						
5								

No: 329 | Tue, Nov 25, 2014 | Easy

6			5		4	1		
	8						9	
			3					
5						3		
				9			7	
3						5		6
	9	7		2				
						9	1	

No: 330 | Wed, Nov 26, 2014 | Moderate

					7		9	
9	4					8		
5			9				4	1
		3		7				
			8		5			
				3		2		
7	8				1			5
		6					8	2
	3		6					

No: 331 | Thu, Nov 27, 2014 | X-Cruel

			5	4		6		
	3							
						7		
						9	1	
6				8				
								3
5		6	3		1			
7						8		
			9					

No: 332 | Fri, Nov 28, 2014 | Deadly

3						6	4	
			1		7			
			5					
9				3				
4		8						
						5		
	1		7					
	7						8	
						3		4

No: 333 | Sat, Nov 29, 2014 | Easy

6		3	8					
			5			7		
9								
	2		1					
	5							3
							6	9
4				9				
					2	5		
				3			9	1

No: 334 | Sun, Nov 30, 2014 | Moderate

			6			4	7	
5		3						
9					7	5		
	8			1				
	6							
	7						1	
				5				3
8			4					

No: 335 | Mon, Dec 1, 2014 | X-Cruel

		7				4		
			8		4		1	
	8		1			2	9	
	1	8	7	5				
5								
	2	3	9	4				
	3		5			9	7	
			3		7		4	
		1				8		

No: 340 | Sat, Dec 6, 2014 | Easy

3			6			5		
	4							
1		6		8				
				9			2	
5								6
	7					8	9	
	9		3					
			5				1	4

No: 341 | Sun, Dec 7, 2014 | Moderate

	2	8				3	4	
7								
3			1			7	2	9
		9				5		
					1		8	
				6				2
5		7	2			4		
9		6		7			5	
		3			6	8		

No: 342 | Mon, Dec 8, 2014 | Cruel

				1			5	
	4			9				
	3					7		
			6		3	4		
9				5				
8								
5							1	
			4					8
			7					

No: 343 | Tue, Dec 9, 2014 | X-Deadly

	5			4				
1						9		
						3		
				7			4	8
3			6					
			3			6		1
	4	8					5	
			9					

No: 344 **Wed, Dec 10, 2014** **Easy**

	3			6				
							7	5
			9		8	6	3	
8			5					
5		6						1
			3			4		
1				7			9	6

No: 345 **Thu, Dec 11, 2014** **Moderate**

		1	7			8		2
					6	1	5	
3								9
1			6		4	9		
				9	8		4	
	4		3	7				
6	3		4			5		
	9			2				
2		5						

No: 346 **Fri, Dec 12, 2014** **Deadly**

6			7					
8						5		
			4		9			
	1			5				
		4					9	
				6				
3						8		5
	9		1					
						6		

No: 347 **Sat, Dec 13, 2014** **Nasty**

				7			8	
	3					4		
6				9				
7							6	
			4		5			
			3					
8			7	1				
						3		6
								5

No: 348 | Sun, Dec 14, 2014 | Easy

	8			7		2		
3	5							
	4		6					
			5			6	4	
2						1		
			3					
8				1				9
							5	3
							1	6

No: 349 | Mon, Dec 15, 2014 | Moderate

						5		
		1	8				9	
	4			9	2		6	7
	6						1	
		3				8		
		9			3			
9				2				
	5	6	3					2
		2					5	1

No: 350 | Tue, Dec 16, 2014 | Easy

			4	2			8	1
	4				8			
				6		3		9
3						4		7
		9					2	5
	1					9		
		4	7		2			
2				5				8
5		8	9	3			6	

No: 351 | Wed, Dec 17, 2014 | X-Deadly

	5			7				
						9	1	
	3		2					
							7	5
9				2				
6						1		7
1			4		5			
			3					

No: 352 **Thu, Dec 18, 2014** **Easy**

	9		7					
5						6		
						3		
	7	9	8					
			6			5		
		1						4
				4			9	
				5			1	
3	1						6	5

No: 353 **Fri, Dec 19, 2014** **Moderate**

4	9			5		1	3	
					9			5
	3							8
	5						7	
			3					4
1		6		8				
			7					
3					2	4		9
	1		4					3

No: 354 | Sat, Dec 20, 2014 | Nasty

	2						3	
8					3		4	
		6		8				2
					8		6	
		5				2		
	4		5			9	7	
				4	1			7
5	3		7		6			
		2				4		

No: 355 | Sun, Dec 21, 2014 | Cruel

5							2	
			6	3				
				4				
	2					4		3
8			1		5			
						6		
		9					7	
	4					2		
			8					

No: 356 | Mon, Dec 22, 2014 | Easy

	7		1				6	8
			4					
							7	
5			3			4		
				6				
				8				
	3		6	7				
4					1	9		
						5	3	6

No: 357 | Tue, Dec 23, 2014 | X-Deadly

2								9
			5			6		
		1	8		9			
						1	3	
				7			2	
			6			4		
9	2							
7				3				

No: 358 Wed, Dec 24, 2014 Moderate

			5	4				3
1						6		
			7					
3				1	6	9		
	7							8
	5		8				7	
		9					4	
						1		

No: 359 Thu, Dec 25, 2014 X-Cruel

							9	
		2			5	6		1
	7				4			
				3		7		
			5	6				2
	1	7				4		
	8		7		9		6	
6						9		
	4			1				8

No: 360 | Fri, Dec 26, 2014 | Nasty

		8	5		3			
		5		9			4	
9		2						
				6		7		3
6	2						5	9
8		9		7				
						5		1
	9			8		2		
			6		4	8		

No: 361 | Sat, Dec 27, 2014 | Easy

	3	5			6			8
6				9		4		
8			5			1		
			7		3			
7								
			8					7
	6						3	
9				1			2	4

No: 362 Sun, Dec 28, 2014 Moderate

6				9				
			1			3		
9		5						
5							6	
							7	9
			2					
	3		4			2		
				7		8		
					8			5

No: 363 Mon, Dec 29, 2014 Nasty

				7		2		
		5					8	7
				8	6			
	7	3	6				9	5
6								2
2	9				4	8	7	
			9	4				
3	2					9		
		8		3				

No: 364 | Tue, Dec 30, 2014 | X-Deadly

7	4			5				
			8				9	
5						4		7
			9		1			
			3					
	6	9					1	
				3		5		
		8						

No: 365 | Wed, Dec 31, 2014 | Easy

	2			3				
							4	5
1								
	4		9		2			
8							3	
			5			6		
6						7		
			4					2
3		2	8				9	6

The Must Have

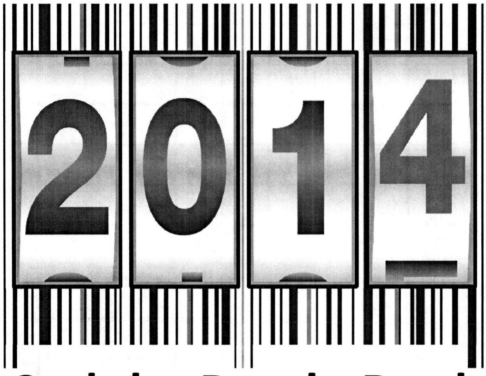

Sudoku Puzzle Book

SOLUTIONS

1

4	6	7	3	9	8	1	2	5
2	3	8	1	5	4	6	7	9
5	9	1	2	7	6	4	8	3
1	5	6	9	3	2	7	4	8
9	8	3	4	6	7	2	5	1
7	4	2	5	8	1	9	3	6
6	2	5	7	1	3	8	9	4
8	7	9	6	4	5	3	1	2
3	1	4	8	2	9	5	6	7

2

6	9	5	3	7	2	8	4	1
3	4	1	6	8	5	2	7	9
7	8	2	9	1	4	3	6	5
5	2	3	1	9	7	6	8	4
4	1	6	8	2	3	9	5	7
9	7	8	4	5	6	1	3	2
8	5	7	2	3	1	4	9	6
1	3	4	5	6	9	7	2	8
2	6	9	7	4	8	5	1	3

3

5	8	1	2	7	6	9	3	4
9	4	2	3	1	5	6	8	7
3	7	6	8	4	9	1	2	5
2	5	4	6	8	1	7	9	3
1	9	7	5	3	4	8	6	2
6	3	8	9	2	7	4	5	1
8	1	9	7	5	3	2	4	6
4	6	3	1	9	2	5	7	8
7	2	5	4	6	8	3	1	9

4

9	3	4	5	1	6	7	8	2
7	2	6	4	8	3	1	5	9
8	5	1	9	2	7	3	6	4
2	7	9	6	3	4	5	1	8
4	6	8	1	5	2	9	3	7
5	1	3	7	9	8	4	2	6
1	8	2	3	7	9	6	4	5
6	9	5	8	4	1	2	7	3
3	4	7	2	6	5	8	9	1

5

8	4	7	6	5	3	9	1	2
5	9	6	1	4	2	8	7	3
2	3	1	7	8	9	5	4	6
7	1	3	8	2	6	4	9	5
9	5	2	4	7	1	6	3	8
4	6	8	3	9	5	7	2	1
6	7	4	2	3	8	1	5	9
3	8	9	5	1	4	2	6	7
1	2	5	9	6	7	3	8	4

6

8	1	6	9	5	3	7	2	4
7	9	3	4	6	2	5	8	1
2	4	5	1	8	7	6	3	9
1	6	9	8	2	5	3	4	7
3	7	4	6	1	9	2	5	8
5	2	8	3	7	4	9	1	6
4	3	1	5	9	6	8	7	2
6	5	2	7	4	8	1	9	3
9	8	7	2	3	1	4	6	5

7

4	2	3	9	1	6	8	7	5
6	5	8	3	7	4	1	9	2
1	9	7	2	5	8	3	4	6
2	1	6	8	9	7	4	5	3
9	8	4	5	6	3	7	2	1
3	7	5	4	2	1	6	8	9
5	4	1	6	8	2	9	3	7
7	3	9	1	4	5	2	6	8
8	6	2	7	3	9	5	1	4

8

3	4	5	1	9	8	7	2	6
7	6	9	5	2	3	1	4	8
8	2	1	6	7	4	3	9	5
9	8	6	7	3	5	4	1	2
1	3	4	8	6	2	5	7	9
5	7	2	4	1	9	8	6	3
6	5	8	2	4	1	9	3	7
4	9	7	3	5	6	2	8	1
2	1	3	9	8	7	6	5	4

9

3	1	5	9	4	6	7	2	8
2	4	6	8	7	5	1	9	3
8	7	9	2	1	3	4	5	6
1	8	2	3	6	9	5	7	4
7	6	4	1	5	2	8	3	9
9	5	3	7	8	4	6	1	2
6	2	1	5	3	8	9	4	7
5	3	8	4	9	7	2	6	1
4	9	7	6	2	1	3	8	5

10

1	4	2	9	5	6	3	8	7
6	3	5	7	8	4	9	1	2
7	8	9	2	3	1	6	4	5
9	1	4	6	2	7	8	5	3
2	5	8	1	4	3	7	9	6
3	7	6	5	9	8	4	2	1
8	2	1	3	6	9	5	7	4
5	9	3	4	7	2	1	6	8
4	6	7	8	1	5	2	3	9

11

6	2	9	8	1	3	4	5	7
3	8	1	5	4	7	9	6	2
5	4	7	9	6	2	8	1	3
4	1	5	2	3	9	7	8	6
7	3	6	1	8	4	2	9	5
2	9	8	7	5	6	1	3	4
1	6	2	4	9	5	3	7	8
8	7	3	6	2	1	5	4	9
9	5	4	3	7	8	6	2	1

12

6	1	7	8	4	9	2	5	3
2	3	4	1	6	5	9	7	8
8	9	5	2	7	3	4	6	1
1	6	8	7	9	2	5	3	4
3	7	9	4	5	8	6	1	2
5	4	2	3	1	6	7	8	9
4	5	6	9	8	1	3	2	7
7	2	1	6	3	4	8	9	5
9	8	3	5	2	7	1	4	6

13

9	3	7	6	4	5	8	1	2
6	1	5	2	8	7	9	4	3
4	2	8	1	3	9	5	7	6
3	5	6	7	2	1	4	8	9
1	4	2	8	9	3	7	6	5
7	8	9	5	6	4	3	2	1
8	9	4	3	1	2	6	5	7
5	6	1	9	7	8	2	3	4
2	7	3	4	5	6	1	9	8

14

1	3	2	5	4	6	9	8	7
8	9	7	2	1	3	5	6	4
4	6	5	9	7	8	1	3	2
6	7	1	3	9	5	4	2	8
3	4	9	8	2	1	7	5	6
5	2	8	7	6	4	3	9	1
7	8	6	1	3	9	2	4	5
2	5	3	4	8	7	6	1	9
9	1	4	6	5	2	8	7	3

15

1	3	5	6	4	2	8	9	7
8	6	9	5	7	3	4	1	2
2	7	4	9	1	8	3	5	6
5	2	6	1	8	7	9	3	4
4	8	7	3	9	6	1	2	5
9	1	3	2	5	4	7	6	8
6	4	1	7	2	9	5	8	3
7	9	2	8	3	5	6	4	1
3	5	8	4	6	1	2	7	9

16

3	2	4	1	8	6	9	5	7
7	5	8	4	3	9	2	6	1
9	6	1	5	2	7	8	4	3
2	7	6	9	4	1	5	3	8
1	8	3	2	7	5	6	9	4
5	4	9	3	6	8	7	1	2
4	9	7	8	5	3	1	2	6
6	1	2	7	9	4	3	8	5
8	3	5	6	1	2	4	7	9

17

1	5	7	9	4	2	8	6	3
3	9	6	1	8	5	7	2	4
8	2	4	3	6	7	5	1	9
5	8	2	4	9	3	1	7	6
7	3	1	5	2	6	4	9	8
6	4	9	7	1	8	3	5	2
4	1	5	2	3	9	6	8	7
2	6	3	8	7	1	9	4	5
9	7	8	6	5	4	2	3	1

18

5	2	4	7	8	9	1	3	6
8	7	1	6	4	3	2	9	5
3	6	9	2	1	5	4	8	7
4	5	6	8	9	7	3	1	2
2	9	7	4	3	1	6	5	8
1	8	3	5	6	2	7	4	9
9	1	2	3	5	6	8	7	4
7	3	8	9	2	4	5	6	1
6	4	5	1	7	8	9	2	3

19

4	9	1	2	8	5	3	7	6
5	2	7	3	6	9	8	1	4
3	8	6	1	4	7	9	2	5
6	4	9	8	7	1	2	5	3
8	7	2	4	5	3	1	6	9
1	3	5	6	9	2	7	4	8
7	6	3	5	1	8	4	9	2
2	1	4	9	3	6	5	8	7
9	5	8	7	2	4	6	3	1

20

4	1	8	7	3	5	9	2	6
6	5	7	8	2	9	3	1	4
9	3	2	6	4	1	8	7	5
2	7	3	4	6	8	5	9	1
8	9	6	5	1	7	4	3	2
1	4	5	2	9	3	6	8	7
5	2	9	3	7	6	1	4	8
3	6	4	1	8	2	7	5	9
7	8	1	9	5	4	2	6	3

21

8	3	1	7	4	6	5	2	9
5	9	7	2	3	8	4	6	1
6	2	4	5	1	9	8	7	3
7	4	9	3	6	2	1	5	8
1	8	2	4	9	5	7	3	6
3	5	6	8	7	1	2	9	4
2	6	5	9	8	4	3	1	7
9	7	8	1	2	3	6	4	5
4	1	3	6	5	7	9	8	2

22

1	8	9	4	7	5	2	3	6
7	6	2	9	1	3	4	5	8
3	5	4	6	2	8	9	7	1
9	7	6	1	5	4	8	2	3
5	4	8	2	3	6	7	1	9
2	1	3	7	8	9	6	4	5
8	2	1	5	6	7	3	9	4
4	3	7	8	9	1	5	6	2
6	9	5	3	4	2	1	8	7

23

4	2	1	5	9	8	6	7	3
7	6	5	2	1	3	9	4	8
8	9	3	4	7	6	2	5	1
2	8	9	6	4	7	1	3	5
5	3	7	1	8	2	4	9	6
6	1	4	3	5	9	8	2	7
9	5	6	8	3	4	7	1	2
1	7	2	9	6	5	3	8	4
3	4	8	7	2	1	5	6	9

24

5	6	1	7	9	8	4	2	3
3	8	2	1	4	6	7	9	5
4	7	9	3	5	2	8	6	1
6	4	3	9	8	7	5	1	2
9	1	7	2	3	5	6	8	4
2	5	8	6	1	4	9	3	7
8	2	4	5	6	1	3	7	9
1	9	6	4	7	3	2	5	8
7	3	5	8	2	9	1	4	6

25

2	7	3	1	8	6	4	9	5
4	1	9	5	3	7	6	8	2
5	8	6	4	2	9	1	3	7
1	3	2	6	5	4	9	7	8
8	9	4	2	7	3	5	1	6
6	5	7	8	9	1	3	2	4
9	4	1	7	6	2	8	5	3
7	6	8	3	1	5	2	4	9
3	2	5	9	4	8	7	6	1

26

7	3	8	5	2	1	9	4	6
4	6	5	8	9	7	3	2	1
1	2	9	3	6	4	7	8	5
9	4	6	1	5	3	2	7	8
3	8	1	6	7	2	5	9	4
5	7	2	9	4	8	6	1	3
8	9	3	7	1	5	4	6	2
2	1	7	4	3	6	8	5	9
6	5	4	2	8	9	1	3	7

27

3	4	9	2	5	8	1	7	6
2	5	8	7	1	6	3	4	9
6	1	7	9	4	3	8	5	2
4	6	2	1	3	7	5	9	8
7	3	5	8	9	4	2	6	1
8	9	1	6	2	5	4	3	7
9	2	3	4	7	1	6	8	5
1	8	4	5	6	9	7	2	3
5	7	6	3	8	2	9	1	4

28

6	9	3	5	7	1	8	2	4
4	7	2	8	6	3	1	5	9
1	8	5	9	4	2	3	7	6
8	4	6	7	1	9	5	3	2
3	5	7	2	8	4	9	6	1
2	1	9	6	3	5	4	8	7
5	3	4	1	2	7	6	9	8
9	2	8	4	5	6	7	1	3
7	6	1	3	9	8	2	4	5

29

2	8	9	7	4	1	6	5	3
5	6	7	3	8	2	9	1	4
3	4	1	5	9	6	2	7	8
4	5	2	1	3	7	8	6	9
7	9	8	4	6	5	3	2	1
1	3	6	9	2	8	7	4	5
6	1	5	8	7	3	4	9	2
8	2	4	6	1	9	5	3	7
9	7	3	2	5	4	1	8	6

30

4	8	9	3	2	7	1	5	6
3	5	7	4	6	1	2	9	8
1	2	6	5	9	8	4	3	7
5	3	1	8	7	2	9	6	4
6	7	8	9	5	4	3	2	1
9	4	2	1	3	6	7	8	5
8	9	5	7	1	3	6	4	2
7	6	4	2	8	9	5	1	3
2	1	3	6	4	5	8	7	9

31

7	2	5	4	3	8	9	6	1
4	8	6	1	9	7	5	3	2
3	9	1	2	5	6	4	7	8
2	6	4	8	1	9	3	5	7
1	7	3	6	4	5	2	8	9
9	5	8	7	2	3	6	1	4
6	1	9	5	8	4	7	2	3
5	3	2	9	7	1	8	4	6
8	4	7	3	6	2	1	9	5

32

4	1	5	2	3	8	7	6	9
2	7	3	6	9	1	8	4	5
9	8	6	5	7	4	2	3	1
7	2	4	9	1	5	6	8	3
3	9	8	4	6	7	1	5	2
5	6	1	8	2	3	4	9	7
8	5	7	3	4	2	9	1	6
6	3	2	1	8	9	5	7	4
1	4	9	7	5	6	3	2	8

33

8	2	7	6	1	9	3	5	4
4	5	9	8	3	2	7	1	6
6	1	3	5	4	7	9	2	8
9	7	4	1	2	8	5	6	3
5	6	8	7	9	3	2	4	1
1	3	2	4	6	5	8	9	7
7	4	5	2	8	6	1	3	9
3	8	1	9	5	4	6	7	2
2	9	6	3	7	1	4	8	5

34

1	3	7	6	5	2	8	4	9
4	6	5	7	8	9	2	1	3
2	8	9	1	4	3	6	5	7
3	7	8	2	1	6	5	9	4
5	4	1	3	9	8	7	6	2
6	9	2	5	7	4	1	3	8
8	5	6	4	3	7	9	2	1
9	1	4	8	2	5	3	7	6
7	2	3	9	6	1	4	8	5

35

2	1	7	5	6	8	4	9	3
9	8	4	3	2	1	6	7	5
6	5	3	9	4	7	8	2	1
5	2	8	4	1	3	7	6	9
1	3	6	2	7	9	5	8	4
4	7	9	6	8	5	1	3	2
7	9	5	1	3	6	2	4	8
8	4	1	7	9	2	3	5	6
3	6	2	8	5	4	9	1	7

36

3	1	2	6	9	5	7	4	8
5	7	9	4	1	8	2	6	3
4	8	6	7	3	2	5	1	9
7	9	4	2	8	1	6	3	5
1	5	3	9	6	7	4	8	2
6	2	8	3	5	4	9	7	1
9	6	5	8	7	3	1	2	4
8	4	1	5	2	6	3	9	7
2	3	7	1	4	9	8	5	6

37

2	4	6	7	8	1	9	5	3
8	5	7	6	9	3	1	4	2
1	3	9	2	4	5	7	6	8
5	6	4	3	1	2	8	7	9
3	2	8	4	7	9	6	1	5
9	7	1	5	6	8	3	2	4
7	9	2	1	3	4	5	8	6
6	8	5	9	2	7	4	3	1
4	1	3	8	5	6	2	9	7

38

3	2	7	4	5	9	1	6	8
9	4	6	2	1	8	7	5	3
5	8	1	7	6	3	2	9	4
6	3	2	5	7	4	8	1	9
4	1	5	9	8	6	3	2	7
8	7	9	1	3	2	6	4	5
2	9	3	8	4	1	5	7	6
1	5	8	6	9	7	4	3	2
7	6	4	3	2	5	9	8	1

39

4	3	8	1	5	2	6	7	9
1	9	5	3	6	7	8	4	2
6	2	7	8	9	4	5	1	3
2	8	1	9	3	6	4	5	7
7	4	3	2	8	5	1	9	6
5	6	9	7	4	1	2	3	8
3	7	6	4	1	8	9	2	5
8	1	2	5	7	9	3	6	4
9	5	4	6	2	3	7	8	1

40

1	6	8	5	7	2	9	3	4
5	9	4	8	3	1	6	2	7
3	7	2	6	9	4	8	5	1
4	8	1	7	6	3	5	9	2
6	2	3	1	5	9	7	4	8
9	5	7	2	4	8	3	1	6
8	4	5	3	2	6	1	7	9
7	1	9	4	8	5	2	6	3
2	3	6	9	1	7	4	8	5

The Must Have 2014 Sudoku Puzzle Book

41

5	6	2	7	4	9	3	8	1
3	1	4	6	8	5	9	7	2
9	7	8	1	3	2	6	5	4
4	8	3	5	9	1	2	6	7
6	9	7	3	2	4	5	1	8
2	5	1	8	6	7	4	9	3
1	2	6	9	7	3	8	4	5
8	4	5	2	1	6	7	3	9
7	3	9	4	5	8	1	2	6

42

2	7	8	6	5	1	4	3	9
5	9	1	3	8	4	6	7	2
3	6	4	2	7	9	5	8	1
4	1	7	8	9	2	3	5	6
9	2	6	4	3	5	7	1	8
8	3	5	1	6	7	2	9	4
7	8	9	5	4	6	1	2	3
1	4	3	7	2	8	9	6	5
6	5	2	9	1	3	8	4	7

43

1	8	9	7	5	3	6	4	2
2	4	3	6	8	9	5	7	1
7	6	5	2	1	4	3	9	8
9	1	6	8	4	7	2	3	5
5	3	8	1	9	2	4	6	7
4	7	2	5	3	6	8	1	9
6	5	4	9	2	1	7	8	3
8	9	7	3	6	5	1	2	4
3	2	1	4	7	8	9	5	6

44

1	7	4	6	5	8	9	3	2
5	6	9	3	4	2	1	8	7
2	8	3	7	9	1	4	6	5
6	4	5	8	7	9	3	2	1
3	1	7	2	6	5	8	4	9
8	9	2	4	1	3	5	7	6
7	3	1	9	2	4	6	5	8
9	2	8	5	3	6	7	1	4
4	5	6	1	8	7	2	9	3

45

4	5	6	1	9	3	8	2	7
7	9	1	8	2	6	5	3	4
2	3	8	7	5	4	9	6	1
3	1	9	2	7	5	6	4	8
8	4	5	6	3	9	7	1	2
6	7	2	4	1	8	3	9	5
5	8	4	3	6	1	2	7	9
9	6	7	5	4	2	1	8	3
1	2	3	9	8	7	4	5	6

46

6	4	5	3	2	1	7	8	9
8	1	3	7	9	5	4	2	6
2	9	7	4	6	8	1	3	5
4	8	6	9	3	7	2	5	1
1	5	2	8	4	6	3	9	7
3	7	9	1	5	2	6	4	8
5	6	8	2	7	3	9	1	4
7	2	4	5	1	9	8	6	3
9	3	1	6	8	4	5	7	2

47

5	1	7	2	9	3	8	4	6
8	3	2	6	4	5	9	1	7
4	9	6	1	8	7	2	5	3
9	2	3	4	7	1	6	8	5
6	4	5	8	3	2	1	7	9
1	7	8	9	5	6	4	3	2
2	5	1	7	6	4	3	9	8
3	6	9	5	1	8	7	2	4
7	8	4	3	2	9	5	6	1

48

6	5	4	1	2	3	8	9	7
8	7	1	6	4	9	5	3	2
2	3	9	7	5	8	6	4	1
4	9	5	3	6	1	2	7	8
1	8	6	9	7	2	4	5	3
3	2	7	4	8	5	9	1	6
5	4	3	8	1	6	7	2	9
9	6	2	5	3	7	1	8	4
7	1	8	2	9	4	3	6	5

49

1	7	8	3	2	4	6	5	9
4	6	5	8	7	9	2	3	1
3	9	2	5	1	6	8	4	7
6	5	1	7	9	3	4	2	8
2	4	9	1	5	8	7	6	3
8	3	7	4	6	2	1	9	5
7	1	3	6	4	5	9	8	2
5	2	6	9	8	7	3	1	4
9	8	4	2	3	1	5	7	6

50

4	2	5	6	8	9	7	1	3
3	6	1	5	4	7	8	9	2
9	8	7	2	1	3	6	4	5
2	1	8	9	3	4	5	7	6
5	4	6	8	7	2	9	3	1
7	9	3	1	5	6	2	8	4
6	7	9	3	2	1	4	5	8
1	5	4	7	6	8	3	2	9
8	3	2	4	9	5	1	6	7

51

1	6	5	2	8	9	4	3	7
4	8	7	6	1	3	5	9	2
2	9	3	5	7	4	8	6	1
9	5	4	1	2	7	6	8	3
8	3	2	4	9	6	1	7	5
7	1	6	3	5	8	9	2	4
5	7	8	9	3	1	2	4	6
3	4	1	8	6	2	7	5	9
6	2	9	7	4	5	3	1	8

52

2	1	4	3	9	7	5	8	6
8	7	9	6	4	5	3	1	2
5	3	6	2	1	8	7	9	4
6	9	8	1	5	2	4	3	7
3	5	1	7	8	4	6	2	9
7	4	2	9	3	6	1	5	8
4	2	3	5	6	9	8	7	1
1	6	7	8	2	3	9	4	5
9	8	5	4	7	1	2	6	3

53

2	8	6	4	5	3	1	9	7
1	4	3	9	2	7	5	8	6
9	5	7	6	8	1	2	4	3
7	9	5	2	3	8	6	1	4
8	6	4	7	1	9	3	2	5
3	2	1	5	4	6	9	7	8
5	7	2	3	9	4	8	6	1
4	3	8	1	6	2	7	5	9
6	1	9	8	7	5	4	3	2

54

5	4	7	6	9	1	3	2	8
9	6	2	5	3	8	4	1	7
1	8	3	2	7	4	6	9	5
2	7	9	4	1	3	8	5	6
8	1	4	9	5	6	7	3	2
6	3	5	8	2	7	1	4	9
7	5	6	3	4	2	9	8	1
4	9	8	1	6	5	2	7	3
3	2	1	7	8	9	5	6	4

55

7	4	9	2	8	6	3	1	5
8	2	6	1	5	3	7	4	9
3	5	1	4	9	7	2	6	8
9	1	8	6	2	4	5	7	3
5	7	4	3	1	8	6	9	2
2	6	3	9	7	5	1	8	4
4	8	5	7	6	2	9	3	1
1	3	7	5	4	9	8	2	6
6	9	2	8	3	1	4	5	7

56

9	2	5	8	1	4	6	3	7
1	6	4	2	3	7	8	9	5
3	8	7	6	9	5	4	1	2
4	1	3	5	6	9	2	7	8
8	9	2	7	4	1	5	6	3
5	7	6	3	8	2	9	4	1
7	4	8	9	2	3	1	5	6
6	5	9	1	7	8	3	2	4
2	3	1	4	5	6	7	8	9

57

9	4	3	6	7	1	2	8	5
8	2	1	5	9	3	6	4	7
6	7	5	8	2	4	3	9	1
4	3	2	1	8	7	5	6	9
1	5	6	2	3	9	8	7	4
7	9	8	4	6	5	1	3	2
3	6	7	9	1	2	4	5	8
2	8	4	7	5	6	9	1	3
5	1	9	3	4	8	7	2	6

58

3	8	2	5	7	1	6	9	4
6	1	7	8	4	9	5	2	3
4	9	5	6	3	2	7	8	1
2	4	6	9	8	5	1	3	7
8	5	3	2	1	7	9	4	6
1	7	9	3	6	4	2	5	8
9	3	8	7	5	6	4	1	2
7	2	1	4	9	8	3	6	5
5	6	4	1	2	3	8	7	9

59

8	4	6	2	1	9	7	5	3
1	9	7	5	3	6	2	8	4
2	3	5	4	8	7	6	9	1
5	2	8	1	7	4	9	3	6
3	6	9	8	5	2	1	4	7
4	7	1	6	9	3	5	2	8
7	1	3	9	2	8	4	6	5
6	5	2	3	4	1	8	7	9
9	8	4	7	6	5	3	1	2

60

9	5	6	8	1	7	3	2	4
7	4	1	2	3	9	5	8	6
2	3	8	6	5	4	9	7	1
4	8	7	9	2	5	6	1	3
3	9	2	1	6	8	4	5	7
6	1	5	4	7	3	2	9	8
5	7	9	3	8	6	1	4	2
1	6	4	7	9	2	8	3	5
8	2	3	5	4	1	7	6	9

61

1	5	3	9	2	7	6	4	8
7	9	8	4	6	5	1	3	2
6	4	2	1	8	3	7	9	5
4	2	9	7	1	6	5	8	3
8	7	6	5	3	9	2	1	4
3	1	5	8	4	2	9	7	6
2	6	7	3	9	8	4	5	1
9	8	4	6	5	1	3	2	7
5	3	1	2	7	4	8	6	9

62

9	7	4	1	3	8	5	6	2
2	3	1	4	5	6	9	7	8
8	5	6	2	9	7	3	1	4
5	8	9	7	2	4	6	3	1
1	4	2	3	6	9	8	5	7
3	6	7	8	1	5	4	2	9
7	9	3	5	4	2	1	8	6
4	2	5	6	8	1	7	9	3
6	1	8	9	7	3	2	4	5

63

3	9	6	4	2	7	5	8	1
5	7	1	9	8	6	4	2	3
8	2	4	5	1	3	6	9	7
2	8	3	6	9	1	7	5	4
7	6	5	2	3	4	9	1	8
4	1	9	8	7	5	2	3	6
6	3	2	7	5	8	1	4	9
1	5	7	3	4	9	8	6	2
9	4	8	1	6	2	3	7	5

64

3	9	8	4	6	2	1	7	5
2	7	1	9	8	5	6	4	3
5	4	6	3	1	7	9	8	2
4	1	3	2	9	6	7	5	8
9	2	7	5	3	8	4	1	6
8	6	5	1	7	4	2	3	9
6	8	4	7	5	9	3	2	1
1	5	2	6	4	3	8	9	7
7	3	9	8	2	1	5	6	4

65

6	3	4	1	5	7	2	9	8
9	7	1	2	8	3	5	4	6
5	2	8	4	9	6	1	7	3
7	8	5	6	3	2	4	1	9
2	9	3	5	1	4	8	6	7
4	1	6	9	7	8	3	2	5
8	6	2	3	4	9	7	5	1
3	5	9	7	2	1	6	8	4
1	4	7	8	6	5	9	3	2

66

9	6	4	7	3	1	5	8	2
5	1	2	8	9	4	6	3	7
3	7	8	5	2	6	4	9	1
6	8	9	2	5	7	3	1	4
4	2	3	6	1	8	9	7	5
7	5	1	9	4	3	2	6	8
1	9	6	4	7	2	8	5	3
2	3	5	1	8	9	7	4	6
8	4	7	3	6	5	1	2	9

67

2	3	5	4	9	8	6	7	1
4	7	1	6	3	5	9	8	2
8	9	6	7	2	1	5	3	4
9	2	8	1	6	4	3	5	7
6	4	7	2	5	3	8	1	9
5	1	3	8	7	9	2	4	6
7	8	9	5	4	6	1	2	3
1	6	2	3	8	7	4	9	5
3	5	4	9	1	2	7	6	8

68

7	9	2	3	8	4	5	6	1
6	1	8	5	9	2	7	4	3
3	4	5	7	1	6	8	2	9
4	6	1	8	7	9	2	3	5
9	5	7	2	6	3	1	8	4
2	8	3	4	5	1	6	9	7
8	3	9	1	2	7	4	5	6
1	2	6	9	4	5	3	7	8
5	7	4	6	3	8	9	1	2

69

5	3	8	2	9	1	6	4	7
4	9	2	5	6	7	3	8	1
7	1	6	4	3	8	2	5	9
3	6	4	9	1	2	5	7	8
1	2	5	7	8	3	4	9	6
9	8	7	6	4	5	1	2	3
2	7	9	1	5	6	8	3	4
6	4	3	8	2	9	7	1	5
8	5	1	3	7	4	9	6	2

70

4	1	5	8	9	3	6	2	7
6	9	2	1	4	7	5	8	3
7	3	8	6	5	2	1	4	9
9	8	7	5	6	4	2	3	1
3	4	1	2	8	9	7	6	5
2	5	6	7	3	1	8	9	4
8	6	4	9	1	5	3	7	2
5	2	9	3	7	8	4	1	6
1	7	3	4	2	6	9	5	8

71

8	3	4	2	5	7	9	1	6
1	7	9	4	8	6	3	5	2
6	2	5	1	9	3	8	7	4
9	5	3	8	2	1	6	4	7
7	4	1	3	6	5	2	9	8
2	8	6	7	4	9	5	3	1
5	9	8	6	1	4	7	2	3
3	1	2	9	7	8	4	6	5
4	6	7	5	3	2	1	8	9

72

2	5	3	7	6	4	1	9	8
8	9	1	3	2	5	6	4	7
7	4	6	8	9	1	5	3	2
6	1	8	2	3	9	4	7	5
5	3	7	4	8	6	9	2	1
9	2	4	5	1	7	3	8	6
3	7	9	1	5	8	2	6	4
4	6	5	9	7	2	8	1	3
1	8	2	6	4	3	7	5	9

73

8	5	7	6	3	9	1	4	2
4	3	2	5	8	1	7	6	9
6	1	9	2	7	4	8	5	3
1	4	3	7	6	2	9	8	5
2	8	6	9	5	3	4	7	1
7	9	5	1	4	8	3	2	6
9	2	8	4	1	5	6	3	7
3	6	1	8	2	7	5	9	4
5	7	4	3	9	6	2	1	8

74

6	3	9	4	1	8	5	2	7
4	1	5	2	3	7	6	9	8
8	2	7	6	9	5	3	1	4
5	7	1	3	4	6	9	8	2
9	6	4	7	8	2	1	5	3
3	8	2	1	5	9	4	7	6
1	5	6	8	2	3	7	4	9
2	4	3	9	7	1	8	6	5
7	9	8	5	6	4	2	3	1

75

6	4	1	7	9	3	5	8	2
8	5	9	1	6	2	7	4	3
3	7	2	8	5	4	9	1	6
1	8	3	2	7	5	6	9	4
2	9	7	6	4	8	3	5	1
4	6	5	3	1	9	2	7	8
9	3	4	5	8	6	1	2	7
5	1	6	4	2	7	8	3	9
7	2	8	9	3	1	4	6	5

76

4	3	6	7	9	5	2	8	1
9	5	1	6	2	8	4	7	3
2	8	7	3	4	1	9	5	6
1	4	8	9	6	2	5	3	7
5	7	2	4	8	3	1	6	9
6	9	3	1	5	7	8	4	2
8	6	9	2	7	4	3	1	5
7	1	4	5	3	9	6	2	8
3	2	5	8	1	6	7	9	4

77

3	5	1	2	8	6	9	7	4
8	2	6	7	4	9	1	5	3
7	9	4	3	1	5	2	8	6
2	6	8	9	7	4	5	3	1
9	1	3	5	2	8	6	4	7
5	4	7	6	3	1	8	2	9
6	7	5	4	9	2	3	1	8
4	8	9	1	5	3	7	6	2
1	3	2	8	6	7	4	9	5

78

4	1	5	7	9	2	6	8	3
3	2	8	6	4	5	9	1	7
7	6	9	8	3	1	2	5	4
8	4	2	3	5	7	1	9	6
5	9	6	1	8	4	7	3	2
1	7	3	2	6	9	8	4	5
9	3	1	4	2	6	5	7	8
2	8	7	5	1	3	4	6	9
6	5	4	9	7	8	3	2	1

79

9	5	7	6	1	3	8	4	2
2	4	1	5	7	8	6	9	3
8	3	6	2	9	4	7	5	1
4	6	2	9	3	5	1	8	7
3	8	5	7	2	1	4	6	9
1	7	9	4	8	6	2	3	5
7	9	3	8	6	2	5	1	4
6	2	4	1	5	9	3	7	8
5	1	8	3	4	7	9	2	6

80

2	8	4	5	6	1	7	3	9
7	6	3	9	8	2	4	1	5
9	1	5	3	4	7	6	2	8
5	3	8	6	7	9	2	4	1
6	2	1	8	3	4	5	9	7
4	9	7	2	1	5	8	6	3
1	5	9	7	2	6	3	8	4
3	4	2	1	5	8	9	7	6
8	7	6	4	9	3	1	5	2

81

1	7	6	5	2	3	9	4	8
4	5	3	8	9	7	2	1	6
8	2	9	1	6	4	3	7	5
2	9	8	7	1	6	4	5	3
7	6	5	4	3	9	1	8	2
3	1	4	2	5	8	7	6	9
9	4	7	6	8	2	5	3	1
5	8	2	3	7	1	6	9	4
6	3	1	9	4	5	8	2	7

82

7	8	5	4	1	6	3	2	9
9	3	4	5	2	7	1	6	8
1	6	2	8	9	3	7	5	4
6	2	7	1	4	5	9	8	3
3	4	9	2	7	8	6	1	5
8	5	1	3	6	9	4	7	2
2	1	3	6	5	4	8	9	7
5	7	8	9	3	1	2	4	6
4	9	6	7	8	2	5	3	1

83

6	7	8	4	9	1	5	2	3
4	3	2	5	6	7	8	9	1
9	1	5	2	8	3	7	6	4
3	2	1	9	7	8	6	4	5
8	6	4	3	2	5	9	1	7
5	9	7	6	1	4	3	8	2
1	5	9	7	4	6	2	3	8
7	4	6	8	3	2	1	5	9
2	8	3	1	5	9	4	7	6

84

9	3	7	5	1	8	4	2	6
4	8	5	7	6	2	1	3	9
1	2	6	9	4	3	7	5	8
3	5	1	2	7	9	8	6	4
2	9	8	6	5	4	3	1	7
6	7	4	8	3	1	5	9	2
7	6	3	4	9	5	2	8	1
5	4	2	1	8	6	9	7	3
8	1	9	3	2	7	6	4	5

85

9	3	8	7	4	6	2	5	1
2	4	1	5	9	8	3	6	7
6	5	7	2	1	3	4	8	9
1	6	2	9	7	4	5	3	8
5	7	3	8	6	2	1	9	4
8	9	4	1	3	5	7	2	6
3	2	6	4	8	1	9	7	5
4	8	9	3	5	7	6	1	2
7	1	5	6	2	9	8	4	3

86

2	3	4	8	6	1	7	5	9
5	7	6	3	9	2	8	1	4
1	8	9	4	5	7	6	2	3
7	5	8	9	2	3	4	6	1
6	9	2	7	1	4	3	8	5
3	4	1	6	8	5	9	7	2
4	6	5	2	3	8	1	9	7
9	1	7	5	4	6	2	3	8
8	2	3	1	7	9	5	4	6

87

1	5	8	3	9	2	7	6	4
4	2	6	7	1	5	9	3	8
7	9	3	8	6	4	5	2	1
6	8	7	5	4	1	3	9	2
2	3	1	9	8	7	6	4	5
9	4	5	2	3	6	8	1	7
8	1	4	6	5	9	2	7	3
3	7	9	4	2	8	1	5	6
5	6	2	1	7	3	4	8	9

88

6	7	8	9	5	1	2	3	4
1	2	3	4	8	6	9	7	5
4	5	9	7	3	2	6	1	8
5	1	7	6	4	3	8	2	9
2	3	6	8	7	9	5	4	1
8	9	4	1	2	5	3	6	7
3	6	1	5	9	4	7	8	2
7	4	5	2	6	8	1	9	3
9	8	2	3	1	7	4	5	6

89

2	5	3	9	4	1	8	7	6
4	1	9	8	7	6	5	2	3
6	7	8	3	5	2	1	4	9
5	2	6	7	1	8	3	9	4
8	3	7	4	9	5	2	6	1
9	4	1	6	2	3	7	5	8
1	8	2	5	6	9	4	3	7
3	9	4	2	8	7	6	1	5
7	6	5	1	3	4	9	8	2

90

4	1	6	8	2	5	3	7	9
3	9	2	1	6	7	4	5	8
8	5	7	9	3	4	6	1	2
6	3	9	4	5	1	2	8	7
7	8	1	2	9	3	5	4	6
5	2	4	6	7	8	1	9	3
2	7	8	5	1	6	9	3	4
1	6	3	7	4	9	8	2	5
9	4	5	3	8	2	7	6	1

91

3	2	1	5	4	6	9	7	8
8	4	5	9	1	7	3	2	6
7	9	6	2	3	8	5	1	4
9	1	8	6	7	3	2	4	5
6	5	3	4	2	9	7	8	1
2	7	4	1	8	5	6	9	3
5	8	2	7	6	1	4	3	9
1	6	7	3	9	4	8	5	2
4	3	9	8	5	2	1	6	7

92

8	5	2	9	7	4	6	3	1
1	3	9	2	6	5	4	8	7
7	6	4	3	8	1	2	9	5
5	2	6	8	4	3	7	1	9
9	8	1	7	2	6	5	4	3
4	7	3	1	5	9	8	2	6
3	4	7	6	9	8	1	5	2
6	9	8	5	1	2	3	7	4
2	1	5	4	3	7	9	6	8

93

2	6	1	8	5	3	9	7	4
7	8	3	2	4	9	5	6	1
5	9	4	1	6	7	3	2	8
4	3	2	5	9	6	1	8	7
1	5	6	7	3	8	4	9	2
8	7	9	4	1	2	6	3	5
3	2	5	9	7	1	8	4	6
6	4	8	3	2	5	7	1	9
9	1	7	6	8	4	2	5	3

94

7	4	5	6	1	2	3	9	8
1	6	8	3	9	5	2	7	4
3	2	9	8	4	7	1	6	5
8	3	2	5	6	4	7	1	9
6	1	7	9	8	3	5	4	2
5	9	4	2	7	1	8	3	6
9	7	3	4	2	8	6	5	1
4	8	1	7	5	6	9	2	3
2	5	6	1	3	9	4	8	7

95

8	6	9	7	1	4	2	5	3
5	7	4	8	2	3	6	9	1
2	1	3	5	9	6	7	4	8
4	8	7	6	3	5	1	2	9
3	2	1	9	8	7	4	6	5
9	5	6	2	4	1	3	8	7
7	3	8	4	5	2	9	1	6
1	9	2	3	6	8	5	7	4
6	4	5	1	7	9	8	3	2

96

2	4	6	8	1	7	5	3	9
9	7	3	4	5	6	1	8	2
1	8	5	9	2	3	6	4	7
8	3	2	1	9	5	4	7	6
6	5	9	7	4	8	2	1	3
4	1	7	6	3	2	9	5	8
3	6	1	5	8	9	7	2	4
7	2	4	3	6	1	8	9	5
5	9	8	2	7	4	3	6	1

97

7	1	5	6	4	3	9	2	8
4	2	3	1	8	9	7	6	5
8	9	6	5	2	7	3	1	4
3	6	2	8	5	1	4	7	9
9	4	8	7	6	2	1	5	3
5	7	1	3	9	4	2	8	6
1	5	9	2	3	6	8	4	7
2	8	4	9	7	5	6	3	1
6	3	7	4	1	8	5	9	2

98

2	1	7	6	3	4	8	5	9
9	4	5	1	2	8	6	7	3
3	8	6	9	5	7	1	4	2
4	6	9	5	8	1	3	2	7
8	5	2	7	4	3	9	6	1
1	7	3	2	6	9	5	8	4
7	2	8	3	1	5	4	9	6
6	3	4	8	9	2	7	1	5
5	9	1	4	7	6	2	3	8

99

3	2	1	4	6	5	9	7	8
5	7	6	1	8	9	3	4	2
9	8	4	2	3	7	6	1	5
8	1	2	3	7	4	5	6	9
7	9	3	5	2	6	4	8	1
6	4	5	8	9	1	2	3	7
1	5	7	9	4	3	8	2	6
4	6	8	7	5	2	1	9	3
2	3	9	6	1	8	7	5	4

100

2	5	9	4	1	6	8	7	3
1	3	7	5	8	9	2	6	4
4	8	6	3	7	2	5	1	9
9	7	2	1	5	3	6	4	8
3	1	8	6	2	4	7	9	5
6	4	5	7	9	8	1	3	2
5	9	4	8	6	7	3	2	1
7	2	1	9	3	5	4	8	6
8	6	3	2	4	1	9	5	7

101
```
1 7 8 | 4 6 9 | 3 2 5
3 9 2 | 8 7 5 | 4 1 6
4 5 6 | 2 3 1 | 8 7 9
------+-------+------
5 2 7 | 6 1 4 | 9 8 3
8 6 1 | 5 9 3 | 2 4 7
9 4 3 | 7 8 2 | 6 5 1
------+-------+------
7 8 4 | 3 5 6 | 1 9 2
6 1 5 | 9 2 8 | 7 3 4
2 3 9 | 1 4 7 | 5 6 8
```

102
```
2 9 5 | 1 3 6 | 7 4 8
3 4 6 | 9 8 7 | 1 5 2
7 1 8 | 4 5 2 | 6 9 3
------+-------+------
9 8 7 | 3 6 1 | 5 2 4
6 2 3 | 5 4 8 | 9 1 7
4 5 1 | 7 2 9 | 3 8 6
------+-------+------
1 7 2 | 6 9 4 | 8 3 5
8 3 9 | 2 7 5 | 4 6 1
5 6 4 | 8 1 3 | 2 7 9
```

103
```
3 7 8 | 2 6 1 | 9 5 4
1 2 9 | 3 4 5 | 7 8 6
4 5 6 | 9 8 7 | 2 1 3
------+-------+------
7 8 2 | 6 1 3 | 4 9 5
6 1 5 | 4 2 9 | 8 3 7
9 4 3 | 7 5 8 | 1 6 2
------+-------+------
8 6 1 | 5 7 2 | 3 4 9
2 3 4 | 1 9 6 | 5 7 8
5 9 7 | 8 3 4 | 6 2 1
```

104
```
3 8 7 | 9 4 5 | 2 6 1
4 5 6 | 2 1 8 | 3 7 9
2 9 1 | 6 7 3 | 4 8 5
------+-------+------
7 3 9 | 5 8 6 | 1 2 4
6 1 5 | 7 2 4 | 8 9 3
8 4 2 | 1 3 9 | 6 5 7
------+-------+------
5 7 8 | 4 6 1 | 9 3 2
1 2 3 | 8 9 7 | 5 4 6
9 6 4 | 3 5 2 | 7 1 8
```

105
```
5 6 7 | 2 3 8 | 9 4 1
9 8 3 | 4 1 6 | 5 7 2
2 4 1 | 7 9 5 | 3 8 6
------+-------+------
1 9 4 | 8 6 3 | 2 5 7
6 7 5 | 9 2 4 | 1 3 8
8 3 2 | 5 7 1 | 6 9 4
------+-------+------
4 1 8 | 3 5 2 | 7 6 9
7 5 6 | 1 4 9 | 8 2 3
3 2 9 | 6 8 7 | 4 1 5
```

106
```
8 7 9 | 4 3 6 | 1 2 5
6 5 3 | 8 1 2 | 9 4 7
4 1 2 | 5 7 9 | 3 8 6
------+-------+------
1 2 5 | 6 9 4 | 7 3 8
7 9 6 | 2 8 3 | 5 1 4
3 4 8 | 7 5 1 | 6 9 2
------+-------+------
2 8 1 | 3 6 7 | 4 5 9
9 6 4 | 1 2 5 | 8 7 3
5 3 7 | 9 4 8 | 2 6 1
```

107
```
8 2 5 | 1 9 3 | 4 7 6
9 7 6 | 8 4 2 | 3 5 1
4 1 3 | 6 5 7 | 2 8 9
------+-------+------
7 8 9 | 5 6 4 | 1 3 2
5 3 2 | 9 7 1 | 8 6 4
1 6 4 | 2 3 8 | 5 9 7
------+-------+------
2 9 7 | 4 8 5 | 6 1 3
6 4 8 | 3 1 9 | 7 2 5
3 5 1 | 7 2 6 | 9 4 8
```

108
```
3 1 8 | 2 6 7 | 4 9 5
5 9 7 | 4 1 8 | 6 3 2
4 6 2 | 9 5 3 | 8 7 1
------+-------+------
9 5 6 | 7 3 4 | 2 1 8
7 4 1 | 8 2 5 | 3 6 9
8 2 3 | 6 9 1 | 5 4 7
------+-------+------
6 7 5 | 3 8 9 | 1 2 4
2 8 9 | 1 4 6 | 7 5 3
1 3 4 | 5 7 2 | 9 8 6
```

109
```
9 7 8 | 4 2 3 | 6 5 1
6 4 5 | 8 9 1 | 2 3 7
1 2 3 | 5 6 7 | 8 9 4
------+-------+------
3 8 9 | 7 4 5 | 1 2 6
4 1 2 | 3 8 6 | 9 7 5
7 5 6 | 2 1 9 | 4 8 3
------+-------+------
8 6 7 | 9 3 4 | 5 1 2
2 3 4 | 1 5 8 | 7 6 9
5 9 1 | 6 7 2 | 3 4 8
```

110
```
8 2 5 | 7 4 9 | 6 1 3
1 3 4 | 2 5 6 | 8 7 9
9 7 6 | 3 8 1 | 4 5 2
------+-------+------
7 4 8 | 5 2 3 | 1 9 6
3 5 1 | 9 6 7 | 2 4 8
2 6 9 | 8 1 4 | 7 3 5
------+-------+------
6 1 3 | 4 9 2 | 5 8 7
5 9 2 | 1 7 8 | 3 6 4
4 8 7 | 6 3 5 | 9 2 1
```

111
```
7 3 9 | 8 4 5 | 2 1 6
1 6 4 | 2 3 7 | 8 9 5
5 2 8 | 1 6 9 | 3 4 7
------+-------+------
6 1 3 | 4 9 8 | 5 7 2
8 5 7 | 6 2 1 | 9 3 4
9 4 2 | 7 5 3 | 6 8 1
------+-------+------
3 8 6 | 5 1 4 | 7 2 9
4 7 5 | 9 8 2 | 1 6 3
2 9 1 | 3 7 6 | 4 5 8
```

112
```
8 5 9 | 2 6 4 | 1 3 7
3 2 1 | 9 8 7 | 4 6 5
4 6 7 | 3 5 1 | 2 9 8
------+-------+------
6 9 3 | 1 4 8 | 5 7 2
2 4 8 | 5 7 3 | 6 1 9
1 7 5 | 6 2 9 | 8 4 3
------+-------+------
7 1 4 | 8 3 5 | 9 2 6
9 8 2 | 7 1 6 | 3 5 4
5 3 6 | 4 9 2 | 7 8 1
```

113
```
1 7 6 | 2 8 4 | 3 5 9
8 5 3 | 9 6 7 | 4 2 1
4 2 9 | 1 3 5 | 6 7 8
------+-------+------
3 9 5 | 6 7 2 | 8 1 4
2 6 1 | 8 4 3 | 5 9 7
7 4 8 | 5 1 9 | 2 6 3
------+-------+------
5 1 4 | 3 9 6 | 7 8 2
9 3 2 | 7 5 8 | 1 4 6
6 8 7 | 4 2 1 | 9 3 5
```

114
```
2 7 8 | 5 3 9 | 6 4 1
1 9 5 | 4 7 6 | 2 3 8
4 6 3 | 8 1 2 | 7 5 9
------+-------+------
3 4 9 | 7 2 5 | 1 8 6
5 1 7 | 6 8 4 | 3 9 2
8 2 6 | 3 9 1 | 4 7 5
------+-------+------
7 8 1 | 2 5 3 | 9 6 4
9 3 4 | 1 6 8 | 5 2 7
6 5 2 | 9 4 7 | 8 1 3
```

115
```
5 3 2 | 9 4 1 | 6 8 7
7 6 8 | 2 3 5 | 9 1 4
9 1 4 | 7 6 8 | 3 5 2
------+-------+------
1 5 6 | 4 2 9 | 8 7 3
2 8 9 | 5 7 3 | 1 4 6
3 4 7 | 8 1 6 | 5 2 9
------+-------+------
6 2 5 | 1 9 7 | 4 3 8
8 7 3 | 6 5 4 | 2 9 1
4 9 1 | 3 8 2 | 7 6 5
```

116
```
9 7 3 | 6 1 2 | 4 8 5
4 1 8 | 9 5 3 | 7 6 2
2 6 5 | 8 7 4 | 1 3 9
------+-------+------
8 2 4 | 5 3 7 | 9 1 6
7 5 1 | 4 6 9 | 3 2 8
3 9 6 | 2 8 1 | 5 4 7
------+-------+------
5 4 7 | 3 2 6 | 8 9 1
6 8 9 | 1 4 5 | 2 7 3
1 3 2 | 7 9 8 | 6 5 4
```

117
```
9 2 5 | 4 8 1 | 3 6 7
4 6 8 | 3 2 7 | 1 5 9
7 1 3 | 5 6 9 | 8 2 4
------+-------+------
2 3 6 | 1 9 4 | 7 8 5
1 4 7 | 6 5 8 | 9 3 2
8 5 9 | 7 3 2 | 4 1 6
------+-------+------
5 8 4 | 2 7 3 | 6 9 1
3 7 2 | 9 1 6 | 5 4 8
6 9 1 | 8 4 5 | 2 7 3
```

118
```
5 8 1 | 7 4 9 | 3 6 2
6 2 4 | 8 5 3 | 1 7 9
9 7 3 | 1 2 6 | 5 4 8
------+-------+------
1 9 2 | 4 6 5 | 7 8 3
7 3 8 | 2 9 1 | 4 5 6
4 6 5 | 3 8 7 | 2 9 1
------+-------+------
2 5 7 | 6 1 8 | 9 3 4
3 4 6 | 9 7 2 | 8 1 5
8 1 9 | 5 3 4 | 6 2 7
```

119
```
5 1 4 | 9 8 7 | 2 6 3
8 3 2 | 6 4 5 | 1 9 7
9 7 6 | 2 1 3 | 8 4 5
------+-------+------
1 9 5 | 8 2 6 | 7 3 4
6 2 8 | 7 3 4 | 9 5 1
3 4 7 | 1 5 9 | 6 8 2
------+-------+------
4 6 9 | 5 7 2 | 3 1 8
7 8 3 | 4 6 1 | 5 2 9
2 5 1 | 3 9 8 | 4 7 6
```

120
```
7 8 2 | 9 1 6 | 5 4 3
4 1 6 | 5 2 3 | 9 7 8
9 3 5 | 8 7 4 | 2 6 1
------+-------+------
2 4 1 | 7 6 5 | 8 3 9
8 9 7 | 2 3 1 | 4 5 6
6 5 3 | 4 9 8 | 1 2 7
------+-------+------
3 2 9 | 1 5 7 | 6 8 4
1 6 8 | 3 4 2 | 7 9 5
5 7 4 | 6 8 9 | 3 1 2
```

121

8	4	6	7	5	1	9	2	3
1	7	3	4	2	9	6	8	5
5	2	9	3	6	8	4	7	1
7	5	4	6	1	2	8	3	9
3	9	8	5	7	4	1	6	2
6	1	2	8	9	3	7	5	4
2	3	1	9	8	7	5	4	6
4	8	5	1	3	6	2	9	7
9	6	7	2	4	5	3	1	8

122

4	3	8	9	1	7	2	5	6
9	7	6	8	5	2	3	1	4
5	1	2	3	6	4	7	9	8
8	6	3	5	2	1	4	7	9
7	9	5	4	8	3	6	2	1
2	4	1	6	7	9	8	3	5
3	5	4	2	9	6	1	8	7
1	2	9	7	4	8	5	6	3
6	8	7	1	3	5	9	4	2

123

8	2	4	9	6	1	5	7	3
5	3	6	4	2	7	1	8	9
9	1	7	8	5	3	4	2	6
2	6	1	7	8	5	9	3	4
7	4	5	3	9	2	6	1	8
3	8	9	1	4	6	2	5	7
4	7	3	2	1	9	8	6	5
1	5	8	6	3	4	7	9	2
6	9	2	5	7	8	3	4	1

124

5	4	8	2	9	7	3	6	1
9	6	7	4	3	1	2	8	5
3	2	1	5	6	8	9	4	7
2	9	4	1	8	6	5	7	3
6	7	5	9	2	3	8	1	4
8	1	3	7	5	4	6	2	9
1	3	2	6	4	5	7	9	8
4	8	6	3	7	9	1	5	2
7	5	9	8	1	2	4	3	6

125

1	4	5	3	9	7	6	8	2
2	6	8	4	5	1	7	9	3
7	9	3	8	6	2	5	4	1
8	7	1	9	2	4	3	5	6
4	2	9	6	3	5	1	7	8
3	5	6	1	7	8	9	2	4
5	3	4	7	8	6	2	1	9
6	8	7	2	1	9	4	3	5
9	1	2	5	4	3	8	6	7

126

4	3	6	2	8	7	5	1	9
9	2	5	4	1	6	7	3	8
7	1	8	3	5	9	4	2	6
8	7	2	9	3	5	1	6	4
6	9	3	7	4	1	2	8	5
5	4	1	6	2	8	3	9	7
2	5	9	1	6	4	8	7	3
1	6	4	8	7	3	9	5	2
3	8	7	5	9	2	6	4	1

127

8	4	5	3	2	9	1	7	6
2	7	6	8	1	4	9	3	5
1	3	9	5	7	6	8	4	2
4	1	3	9	5	2	7	6	8
7	6	2	4	8	1	3	5	9
5	9	8	6	3	7	4	2	1
9	8	4	7	6	5	2	1	3
3	5	1	2	4	8	6	9	7
6	2	7	1	9	3	5	8	4

128

4	1	2	8	6	3	7	5	9
7	3	6	5	9	4	8	1	2
9	5	8	2	1	7	3	4	6
3	8	1	9	7	2	4	6	5
5	6	9	4	3	8	2	7	1
2	4	7	1	5	6	9	8	3
1	2	4	6	8	9	5	3	7
8	7	5	3	2	1	6	9	4
6	9	3	7	4	5	1	2	8

129

7	4	8	6	9	2	1	5	3
1	6	3	5	4	7	8	9	2
2	9	5	1	8	3	4	7	6
5	3	1	7	6	8	2	4	9
9	2	7	3	1	4	6	8	5
4	8	6	2	5	9	3	1	7
6	7	4	8	2	5	9	3	1
8	5	2	9	3	1	7	6	4
3	1	9	4	7	6	5	2	8

130

2	3	5	7	9	8	4	6	1
4	1	6	5	3	2	9	8	7
7	8	9	1	4	6	5	3	2
9	4	1	3	6	7	8	2	5
8	2	3	4	1	5	6	7	9
5	6	7	8	2	9	3	1	4
1	9	4	2	8	3	7	5	6
6	5	8	9	7	1	2	4	3
3	7	2	6	5	4	1	9	8

131

8	6	7	2	9	4	1	3	5
2	1	4	6	5	3	8	7	9
5	9	3	1	7	8	6	2	4
3	2	1	8	4	5	9	6	7
9	4	6	3	2	7	5	1	8
7	5	8	9	1	6	2	4	3
1	3	2	4	8	9	7	5	6
4	7	9	5	6	1	3	8	2
6	8	5	7	3	2	4	9	1

132

2	9	7	8	5	4	3	1	6
1	8	3	9	6	7	5	4	2
4	6	5	1	3	2	8	7	9
3	1	8	2	7	6	4	9	5
5	7	6	4	1	9	2	8	3
9	4	2	3	8	5	7	6	1
7	5	4	6	9	3	1	2	8
6	3	1	7	2	8	9	5	4
8	2	9	5	4	1	6	3	7

133

5	8	7	2	6	4	3	1	9
4	3	1	7	8	9	5	6	2
6	9	2	3	5	1	8	4	7
7	6	3	9	2	5	1	8	4
1	2	8	4	3	6	9	7	5
9	5	4	8	1	7	2	3	6
3	7	5	1	4	2	6	9	8
8	4	6	5	9	3	7	2	1
2	1	9	6	7	8	4	5	3

134

4	7	1	3	2	9	8	6	5
9	3	2	8	5	6	4	1	7
8	5	6	1	7	4	2	3	9
2	8	5	6	3	7	9	4	1
7	6	9	2	4	1	5	8	3
1	4	3	5	9	8	7	2	6
5	1	4	7	8	3	6	9	2
6	2	8	9	1	5	3	7	4
3	9	7	4	6	2	1	5	8

135

6	7	4	2	9	3	1	8	5
8	1	3	6	4	5	7	2	9
9	5	2	1	7	8	3	6	4
1	9	7	5	8	2	6	4	3
2	6	5	3	1	4	8	9	7
4	3	8	7	6	9	2	5	1
3	8	9	4	2	1	5	7	6
7	2	1	9	5	6	4	3	8
5	4	6	8	3	7	9	1	2

136

5	1	9	7	6	4	2	3	8
4	6	2	3	9	8	5	1	7
7	8	3	5	1	2	4	9	6
6	9	7	4	5	1	8	2	3
3	2	1	9	8	7	6	5	4
8	4	5	2	3	6	9	7	1
1	7	8	6	2	9	3	4	5
9	3	6	1	4	5	7	8	2
2	5	4	8	7	3	1	6	9

137

5	4	7	6	9	3	8	2	1
9	6	8	2	1	5	3	4	7
2	1	3	8	7	4	5	9	6
4	8	6	3	2	7	9	1	5
1	5	2	9	4	8	6	7	3
3	7	9	5	6	1	4	8	2
8	9	5	7	3	2	1	6	4
7	3	4	1	8	6	2	5	9
6	2	1	4	5	9	7	3	8

138

1	7	2	4	6	3	8	9	5
4	6	3	8	5	9	2	7	1
9	5	8	2	7	1	3	4	6
2	1	5	3	4	7	9	6	8
8	9	7	5	2	6	4	1	3
3	4	6	1	9	8	7	5	2
6	2	4	9	3	5	1	8	7
5	3	1	7	8	4	6	2	9
7	8	9	6	1	2	5	3	4

139

2	4	8	3	7	1	5	6	9
3	1	9	5	8	6	7	4	2
6	7	5	4	9	2	1	8	3
9	6	7	8	5	3	2	1	4
8	5	3	2	1	4	9	7	6
4	2	1	9	6	7	3	5	8
1	9	4	7	2	8	6	3	5
7	8	2	6	3	5	4	9	1
5	3	6	1	4	9	8	2	7

140

5	3	8	7	4	2	9	1	6
7	1	6	3	9	5	2	8	4
4	2	9	6	1	8	3	5	7
9	4	5	8	2	3	6	7	1
1	6	2	5	7	4	8	3	9
3	8	7	1	6	9	5	4	2
8	7	1	2	3	6	4	9	5
2	9	3	4	5	1	7	6	8
6	5	4	9	8	7	1	2	3

141

8	2	3	9	5	1	7	4	6
9	6	7	2	4	8	1	5	3
5	1	4	7	3	6	8	2	9
2	9	5	1	7	4	6	3	8
4	8	1	6	9	3	5	7	2
7	3	6	8	2	5	9	1	4
3	5	8	4	6	7	2	9	1
6	4	9	5	1	2	3	8	7
1	7	2	3	8	9	4	6	5

142

6	5	3	7	2	4	1	8	9
2	4	7	8	9	1	3	6	5
8	1	9	3	5	6	2	4	7
3	2	4	9	6	7	5	1	8
5	9	6	2	1	8	7	3	4
7	8	1	4	3	5	9	2	6
4	6	2	1	7	9	8	5	3
9	3	8	5	4	2	6	7	1
1	7	5	6	8	3	4	9	2

143

7	6	8	1	5	3	9	2	4
9	2	4	6	8	7	5	1	3
1	3	5	9	2	4	6	7	8
5	7	2	8	3	9	1	4	6
6	8	9	4	1	5	7	3	2
4	1	3	2	7	6	8	5	9
3	9	7	5	4	8	2	6	1
2	4	6	7	9	1	3	8	5
8	5	1	3	6	2	4	9	7

144

6	7	5	9	2	8	1	4	3
4	9	8	1	3	7	6	2	5
2	1	3	4	5	6	7	9	8
8	5	4	6	1	2	9	3	7
9	3	2	8	7	4	5	6	1
1	6	7	3	9	5	4	8	2
7	4	6	5	8	3	2	1	9
3	2	9	7	4	1	8	5	6
5	8	1	2	6	9	3	7	4

145

8	3	5	9	7	1	6	4	2
9	1	6	4	3	2	8	7	5
2	4	7	8	6	5	3	9	1
7	2	3	1	9	8	4	5	6
1	8	9	6	5	4	7	2	3
5	6	4	3	2	7	1	8	9
6	7	1	2	4	9	5	3	8
4	9	8	5	1	3	2	6	7
3	5	2	7	8	6	9	1	4

146

8	5	7	2	9	6	3	1	4
6	1	2	4	8	3	5	7	9
9	4	3	5	1	7	6	8	2
1	2	5	6	4	9	7	3	8
3	8	6	7	2	1	4	9	5
7	9	4	3	5	8	2	6	1
5	6	8	1	3	2	9	4	7
4	7	9	8	6	5	1	2	3
2	3	1	9	7	4	8	5	6

147

8	2	1	7	6	4	9	5	3
5	4	6	2	3	9	8	7	1
7	3	9	8	5	1	6	4	2
4	9	8	6	1	5	2	3	7
6	7	5	4	2	3	1	9	8
3	1	2	9	7	8	4	6	5
1	6	7	5	4	2	3	8	9
2	8	4	3	9	7	5	1	6
9	5	3	1	8	6	7	2	4

148

5	6	4	7	8	9	1	2	3
7	8	1	5	3	2	4	9	6
3	2	9	1	6	4	8	5	7
9	7	5	2	1	6	3	8	4
1	4	2	3	7	8	5	6	9
8	3	6	9	4	5	7	1	2
6	5	8	4	9	7	2	3	1
4	9	3	8	2	1	6	7	5
2	1	7	6	5	3	9	4	8

149

2	4	9	8	3	7	6	1	5
5	1	3	4	6	2	9	8	7
8	6	7	1	5	9	3	2	4
7	2	6	3	1	4	8	5	9
4	5	1	9	7	8	2	3	6
3	9	8	6	2	5	4	7	1
1	8	4	5	9	3	7	6	2
9	7	5	2	8	6	1	4	3
6	3	2	7	4	1	5	9	8

150

6	9	3	7	4	8	1	2	5
7	2	1	5	9	6	3	4	8
4	8	5	3	1	2	7	9	6
1	6	2	4	3	9	5	8	7
3	4	8	2	7	5	6	1	9
9	5	7	8	6	1	4	3	2
8	7	9	1	5	4	2	6	3
5	1	6	9	2	3	8	7	4
2	3	4	6	8	7	9	5	1

151

4	6	9	2	1	8	7	5	3
2	8	5	9	7	3	1	4	6
3	7	1	5	4	6	2	8	9
8	3	6	1	5	2	4	9	7
5	2	7	8	9	4	6	3	1
1	9	4	6	3	7	5	2	8
6	1	3	4	8	5	9	7	2
9	5	8	7	2	1	3	6	4
7	4	2	3	6	9	8	1	5

152

6	3	8	7	5	2	1	4	9
7	5	1	6	9	4	3	8	2
4	2	9	8	3	1	7	6	5
8	4	6	9	1	7	5	2	3
2	1	3	5	4	6	9	7	8
9	7	5	2	8	3	4	1	6
3	6	2	4	7	5	8	9	1
5	8	7	1	2	9	6	3	4
1	9	4	3	6	8	2	5	7

153

7	5	9	6	4	2	1	3	8
3	1	2	8	9	7	4	6	5
6	4	8	3	5	1	9	2	7
1	7	5	2	6	9	3	8	4
2	3	4	7	8	5	6	1	9
8	9	6	4	1	3	7	5	2
9	8	3	5	7	6	2	4	1
5	6	7	1	2	4	8	9	3
4	2	1	9	3	8	5	7	6

154

8	2	1	6	4	7	5	9	3
9	3	6	2	5	8	4	1	7
4	5	7	3	9	1	8	2	6
2	8	9	5	1	3	7	6	4
6	1	5	7	2	4	9	3	8
3	7	4	8	6	9	1	5	2
5	9	2	4	7	6	3	8	1
7	6	8	1	3	5	2	4	9
1	4	3	9	8	2	6	7	5

155

6	9	3	7	5	8	2	1	4
8	4	5	2	1	9	7	6	3
2	1	7	4	3	6	9	5	8
3	5	4	6	2	7	8	9	1
1	2	9	3	8	5	6	4	7
7	8	6	1	9	4	3	2	5
5	6	1	9	7	3	4	8	2
4	7	8	5	6	2	1	3	9
9	3	2	8	4	1	5	7	6

156

6	5	4	1	2	3	8	9	7
3	9	1	4	7	8	2	6	5
8	2	7	6	5	9	4	3	1
9	4	3	8	6	7	5	1	2
2	8	6	5	9	1	7	4	3
1	7	5	3	4	2	9	8	6
4	6	8	2	1	5	3	7	9
5	3	9	7	8	6	1	2	4
7	1	2	9	3	4	6	5	8

157

9	4	5	1	8	6	2	3	7
3	2	8	5	7	4	9	6	1
7	6	1	2	9	3	5	8	4
4	8	6	7	2	9	3	1	5
5	7	9	3	1	8	6	4	2
2	1	3	6	4	5	8	7	9
1	3	7	9	6	2	4	5	8
6	9	4	8	5	7	1	2	3
8	5	2	4	3	1	7	9	6

158

4	1	8	3	2	7	5	6	9
5	9	7	8	6	4	1	3	2
3	6	2	9	5	1	7	8	4
9	3	4	6	1	8	2	5	7
2	8	6	7	9	5	3	4	1
1	7	5	4	3	2	6	9	8
7	2	3	5	8	9	4	1	6
8	5	1	2	4	6	9	7	3
6	4	9	1	7	3	8	2	5

159

7	8	1	5	9	2	3	4	6
3	4	5	7	6	8	2	1	9
9	2	6	4	3	1	8	5	7
6	5	9	1	7	3	4	8	2
4	3	8	6	2	5	7	9	1
2	1	7	9	8	4	6	3	5
1	7	4	8	5	6	9	2	3
5	9	2	3	4	7	1	6	8
8	6	3	2	1	9	5	7	4

160

5	6	9	8	7	4	1	2	3
7	4	1	3	2	9	6	8	5
3	8	2	1	6	5	4	9	7
4	1	5	2	3	7	8	6	9
2	3	6	9	1	8	5	7	4
9	7	8	5	4	6	2	3	1
8	5	3	6	9	1	7	4	2
6	9	7	4	5	2	3	1	8
1	2	4	7	8	3	9	5	6

161

5	7	8	1	2	3	4	9	6
4	9	2	8	5	6	1	7	3
1	3	6	7	4	9	8	5	2
6	8	5	4	3	1	7	2	9
2	1	3	6	9	7	5	8	4
9	4	7	2	8	5	3	6	1
8	6	4	5	1	2	9	3	7
3	2	1	9	7	8	6	4	5
7	5	9	3	6	4	2	1	8

162

3	7	2	6	4	5	8	1	9
6	1	5	9	3	8	4	7	2
9	8	4	2	1	7	6	3	5
5	2	9	1	7	4	3	8	6
7	4	6	3	8	2	5	9	1
8	3	1	5	9	6	2	4	7
4	6	3	7	5	1	9	2	8
1	5	8	4	2	9	7	6	3
2	9	7	8	6	3	1	5	4

163

3	8	9	1	6	7	5	4	2
1	4	7	5	8	2	9	6	3
2	6	5	9	4	3	8	1	7
9	1	6	8	2	5	7	3	4
7	5	8	6	3	4	2	9	1
4	3	2	7	1	9	6	5	8
6	7	3	2	5	1	4	8	9
8	2	4	3	9	6	1	7	5
5	9	1	4	7	8	3	2	6

164

9	8	1	4	2	5	6	7	3
5	4	7	1	3	6	9	8	2
2	6	3	8	7	9	1	4	5
1	9	6	5	4	7	2	3	8
3	5	8	9	6	2	7	1	4
7	2	4	3	1	8	5	9	6
4	3	5	2	9	1	8	6	7
6	1	2	7	8	3	4	5	9
8	7	9	6	5	4	3	2	1

165

3	2	1	4	6	5	7	8	9
9	8	7	1	3	2	4	5	6
5	6	4	7	9	8	1	2	3
6	1	5	3	7	9	8	4	2
4	7	8	6	2	1	9	3	5
2	9	3	8	5	4	6	1	7
8	3	9	2	1	7	5	6	4
7	4	2	5	8	6	3	9	1
1	5	6	9	4	3	2	7	8

166

6	5	8	4	1	9	3	2	7
4	2	7	6	3	5	8	1	9
9	3	1	7	8	2	5	4	6
2	6	5	3	7	8	4	9	1
8	1	4	9	2	6	7	5	3
7	9	3	1	5	4	2	6	8
1	8	9	5	4	7	6	3	2
3	4	2	8	6	1	9	7	5
5	7	6	2	9	3	1	8	4

167

4	9	7	8	3	2	1	5	6
3	8	1	7	5	6	4	9	2
6	2	5	4	9	1	3	8	7
2	1	4	3	7	8	9	6	5
5	6	3	2	1	9	8	7	4
9	7	8	6	4	5	2	1	3
1	3	9	5	6	4	7	2	8
8	4	6	1	2	7	5	3	9
7	5	2	9	8	3	6	4	1

168

9	3	4	5	8	6	1	7	2
1	6	5	7	4	2	9	3	8
7	2	8	3	9	1	4	6	5
3	7	2	9	1	4	5	8	6
5	4	6	2	3	8	7	1	9
8	9	1	6	5	7	3	2	4
2	1	3	4	6	5	8	9	7
4	8	7	1	2	9	6	5	3
6	5	9	8	7	3	2	4	1

169

9	8	6	2	3	7	4	5	1
7	5	4	6	9	1	8	2	3
2	3	1	4	5	8	7	6	9
5	6	7	8	1	3	2	9	4
4	1	9	5	7	2	6	3	8
3	2	8	9	4	6	5	1	7
6	9	5	3	8	4	1	7	2
8	7	2	1	6	9	3	4	5
1	4	3	7	2	5	9	8	6

170

7	6	8	9	2	4	5	3	1
2	9	5	3	1	6	8	4	7
1	3	4	7	8	5	2	6	9
9	8	7	1	3	2	4	5	6
5	2	3	4	6	9	1	7	8
6	4	1	8	5	7	3	9	2
8	5	6	2	9	3	7	1	4
3	7	2	6	4	1	9	8	5
4	1	9	5	7	8	6	2	3

171

2	6	5	4	3	1	7	8	9
9	4	1	7	6	8	2	3	5
3	8	7	9	5	2	6	4	1
4	7	3	8	1	6	5	9	2
6	9	2	5	7	4	3	1	8
5	1	8	3	2	9	4	7	6
1	5	4	2	8	7	9	6	3
7	2	6	1	9	3	8	5	4
8	3	9	6	4	5	1	2	7

172

6	3	2	1	9	4	8	7	5
5	7	9	6	8	3	1	2	4
8	4	1	7	2	5	9	3	6
1	5	6	8	3	2	4	9	7
3	2	4	9	1	7	5	6	8
7	9	8	5	4	6	2	1	3
2	8	5	3	6	9	7	4	1
4	1	3	2	7	8	6	5	9
9	6	7	4	5	1	3	8	2

173

5	4	6	2	3	1	9	7	8
9	2	3	5	8	7	4	1	6
7	1	8	9	6	4	5	2	3
2	5	9	6	1	3	8	4	7
4	8	1	7	9	5	3	6	2
3	6	7	4	2	8	1	5	9
1	7	2	3	4	9	6	8	5
6	9	4	8	5	2	7	3	1
8	3	5	1	7	6	2	9	4

174

5	6	9	4	3	7	8	1	2
1	7	4	6	2	8	3	5	9
3	8	2	1	5	9	7	4	6
4	1	3	7	6	5	2	9	8
8	5	6	2	9	1	4	7	3
9	2	7	3	8	4	1	6	5
7	9	5	8	1	2	6	3	4
6	4	8	9	7	3	5	2	1
2	3	1	5	4	6	9	8	7

175

2	5	1	6	8	7	9	3	4
4	3	8	5	1	9	6	2	7
9	6	7	3	4	2	5	8	1
8	9	6	4	3	1	7	5	2
7	1	3	2	6	5	4	9	8
5	2	4	7	9	8	1	6	3
1	8	2	9	7	6	3	4	5
3	7	9	8	5	4	2	1	6
6	4	5	1	2	3	8	7	9

176

2	3	6	4	7	9	8	5	1
5	4	8	3	2	1	7	9	6
7	9	1	8	6	5	2	3	4
9	5	4	2	8	3	1	6	7
6	8	7	9	1	4	5	2	3
3	1	2	6	5	7	9	4	8
4	6	5	7	9	8	3	1	2
1	7	3	5	4	2	6	8	9
8	2	9	1	3	6	4	7	5

177

2	8	5	7	1	3	4	9	6
1	3	9	8	4	6	5	2	7
4	7	6	2	5	9	8	1	3
3	9	7	4	8	5	1	6	2
5	6	4	3	2	1	7	8	9
8	2	1	9	6	7	3	5	4
9	1	3	6	7	8	2	4	5
7	5	2	1	9	4	6	3	8
6	4	8	5	3	2	9	7	1

178

3	8	5	6	9	4	7	1	2
6	7	1	2	5	3	9	8	4
9	4	2	1	7	8	3	5	6
4	2	9	8	1	6	5	7	3
8	3	6	7	4	5	2	9	1
1	5	7	3	2	9	6	4	8
2	1	3	9	8	7	4	6	5
7	6	4	5	3	1	8	2	9
5	9	8	4	6	2	1	3	7

179

3	4	8	2	5	7	6	1	9
6	2	5	1	8	9	4	7	3
7	1	9	6	4	3	8	2	5
9	6	7	4	2	5	3	8	1
8	3	2	9	7	1	5	4	6
1	5	4	8	3	6	7	9	2
4	9	3	7	6	2	1	5	8
5	8	1	3	9	4	2	6	7
2	7	6	5	1	8	9	3	4

180

8	7	9	5	4	6	2	1	3
2	3	4	7	1	9	5	8	6
5	1	6	8	2	3	7	4	9
3	5	8	2	7	4	6	9	1
9	6	2	3	8	1	4	7	5
7	4	1	9	6	5	3	2	8
6	8	5	4	9	7	1	3	2
1	9	7	6	3	2	8	5	4
4	2	3	1	5	8	9	6	7

81

6	5	2	9	8	4	1	7	3
3	4	8	5	7	1	9	6	2
9	7	1	6	2	3	4	5	8
4	6	5	3	1	2	8	9	7
1	2	7	8	9	6	3	4	5
8	3	9	4	5	7	6	2	1
2	8	4	7	3	9	5	1	6
5	1	6	2	4	8	7	3	9
7	9	3	1	6	5	2	8	4

82

9	4	8	1	5	2	3	6	7
1	2	7	3	4	6	8	9	5
5	6	3	8	7	9	2	4	1
3	8	1	6	2	5	9	7	4
2	7	9	4	3	1	6	5	8
6	5	4	9	8	7	1	2	3
4	9	6	5	1	8	7	3	2
7	1	5	2	6	3	4	8	9
8	3	2	7	9	4	5	1	6

83

5	7	3	2	4	9	1	6	8
2	9	4	8	1	6	7	5	3
8	1	6	3	7	5	4	2	9
3	5	7	4	6	8	2	9	1
9	2	8	1	5	3	6	7	4
6	4	1	7	9	2	8	3	5
4	3	2	5	8	7	9	1	6
7	8	9	6	3	1	5	4	2
1	6	5	9	2	4	3	8	7

84

6	3	7	1	4	9	8	5	2
9	1	2	5	8	6	4	3	7
8	4	5	7	2	3	1	9	6
4	8	6	3	9	7	2	1	5
3	7	9	2	1	5	6	4	8
5	2	1	4	6	8	9	7	3
7	9	8	6	5	4	3	2	1
1	5	4	8	3	2	7	6	9
2	6	3	9	7	1	5	8	4

185

7	1	3	2	5	6	9	4	8
4	5	8	3	9	7	1	2	6
6	2	9	8	4	1	3	5	7
3	9	4	7	2	8	6	1	5
1	7	5	4	6	3	2	8	9
8	6	2	9	1	5	4	7	3
9	8	7	1	3	2	5	6	4
5	4	1	6	7	9	8	3	2
2	3	6	5	8	4	7	9	1

186

7	9	5	4	6	1	3	2	8
8	1	2	3	9	5	7	4	6
6	4	3	7	2	8	9	5	1
2	3	1	5	4	6	8	7	9
9	8	4	2	1	7	5	6	3
5	6	7	9	8	3	2	1	4
4	2	8	1	7	9	6	3	5
1	5	6	8	3	2	4	9	7
3	7	9	6	5	4	1	8	2

187

4	9	8	2	1	6	5	7	3
6	2	1	5	7	3	8	4	9
7	3	5	8	4	9	6	1	2
8	6	9	4	2	7	1	3	5
5	7	3	1	6	8	9	2	4
1	4	2	9	3	5	7	8	6
2	8	4	6	9	1	3	5	7
3	1	6	7	5	2	4	9	8
9	5	7	3	8	4	2	6	1

188

5	4	6	8	3	2	1	9	7
8	2	7	1	9	6	4	5	3
1	9	3	4	7	5	2	6	8
4	6	9	7	2	8	5	3	1
2	3	1	5	6	9	7	8	4
7	5	8	3	1	4	9	2	6
6	7	4	2	5	3	8	1	9
9	8	5	6	4	1	3	7	2
3	1	2	9	8	7	6	4	5

189

6	1	5	2	9	3	7	8	4
8	7	9	5	6	4	2	3	1
4	2	3	8	7	1	6	9	5
2	3	7	4	1	5	8	6	9
5	6	1	3	8	9	4	2	7
9	4	8	6	2	7	5	1	3
3	8	4	9	5	2	1	7	6
1	9	6	7	4	8	3	5	2
7	5	2	1	3	6	9	4	8

190

1	6	8	5	3	9	7	2	4
4	7	5	6	8	2	1	9	3
9	3	2	7	1	4	5	8	6
8	1	3	9	7	5	6	4	2
7	2	9	8	4	6	3	1	5
5	4	6	3	2	1	8	7	9
6	5	1	4	9	7	2	3	8
2	8	4	1	6	3	9	5	7
3	9	7	2	5	8	4	6	1

191

8	2	9	7	5	6	3	1	4
7	4	1	2	3	8	6	9	5
3	5	6	1	4	9	7	2	8
1	8	4	5	6	2	9	3	7
5	6	3	8	9	7	1	4	2
9	7	2	4	1	3	8	5	6
6	3	8	9	2	4	5	7	1
4	1	7	3	8	5	2	6	9
2	9	5	6	7	1	4	8	3

192

7	9	8	5	4	6	2	1	3
4	6	2	3	1	8	9	7	5
1	3	5	9	7	2	6	8	4
5	8	4	2	9	7	3	6	1
3	2	9	8	6	1	5	4	7
6	1	7	4	5	3	8	2	9
2	7	3	1	8	9	4	5	6
9	4	6	7	2	5	1	3	8
8	5	1	6	3	4	7	9	2

193

3	1	2	4	6	5	7	9	8
5	7	9	1	8	3	2	6	4
6	4	8	2	9	7	1	3	5
9	8	7	3	5	2	6	4	1
2	5	6	8	4	1	3	7	9
4	3	1	9	7	6	5	8	2
1	9	3	7	2	4	8	5	6
8	2	5	6	3	9	4	1	7
7	6	4	5	1	8	9	2	3

194

6	5	4	2	1	3	9	8	7
2	3	8	7	6	9	5	4	1
9	7	1	4	5	8	2	6	3
8	6	2	9	4	7	1	3	5
7	9	3	5	8	1	4	2	6
1	4	5	6	3	2	8	7	9
4	1	7	3	2	5	6	9	8
5	2	9	8	7	6	3	1	4
3	8	6	1	9	4	7	5	2

195

8	1	9	2	7	6	4	5	3
7	3	6	4	9	5	8	1	2
2	5	4	3	1	8	6	9	7
5	7	8	1	6	9	2	3	4
4	6	3	5	2	7	9	8	1
9	2	1	8	3	4	5	7	6
3	9	2	6	5	1	7	4	8
1	4	7	9	8	2	3	6	5
6	8	5	7	4	3	1	2	9

196

3	2	8	6	5	9	4	1	7
4	5	6	3	7	1	2	8	9
9	7	1	4	8	2	6	5	3
2	6	4	5	9	7	8	3	1
1	3	5	8	6	4	7	9	2
7	8	9	1	2	3	5	6	4
6	1	7	2	3	8	9	4	5
8	9	3	7	4	5	1	2	6
5	4	2	9	1	6	3	7	8

197

9	5	7	4	6	1	2	3	8
6	1	4	2	8	3	5	9	7
2	3	8	5	9	7	1	4	6
8	2	9	6	7	4	3	5	1
3	4	5	8	1	2	6	7	9
7	6	1	9	3	5	8	2	4
4	9	3	1	5	8	7	6	2
5	8	2	7	4	6	9	1	3
1	7	6	3	2	9	4	8	5

198

2	4	3	1	8	7	5	6	9
9	7	8	4	5	6	1	3	2
6	1	5	9	2	3	7	4	8
5	2	6	7	4	9	8	1	3
4	3	9	8	6	1	2	7	5
1	8	7	5	3	2	6	9	4
7	5	4	3	1	8	9	2	6
3	6	1	2	9	5	4	8	7
8	9	2	6	7	4	3	5	1

199

9	4	6	1	2	3	8	7	5
3	2	5	9	8	7	6	1	4
7	1	8	6	4	5	2	9	3
1	8	2	3	5	4	9	6	7
4	7	3	8	6	9	5	2	1
6	5	9	7	1	2	3	4	8
5	3	1	2	7	6	4	8	9
8	6	4	5	9	1	7	3	2
2	9	7	4	3	8	1	5	6

200

8	5	9	4	6	2	3	1	7
1	3	2	8	9	7	6	4	5
7	4	6	5	3	1	2	9	8
2	1	7	6	4	8	9	5	3
9	8	5	2	1	3	7	6	4
3	6	4	7	5	9	1	8	2
5	2	8	9	7	6	4	3	1
6	7	1	3	8	4	5	2	9
4	9	3	1	2	5	8	7	6

201

8	3	6	5	4	7	1	9	2
1	9	5	6	8	2	7	4	3
4	7	2	1	3	9	5	8	6
7	4	9	8	1	3	2	6	5
5	1	8	2	6	4	9	3	7
2	6	3	9	7	5	4	1	8
3	5	4	7	9	6	8	2	1
6	2	1	4	5	8	3	7	9
9	8	7	3	2	1	6	5	4

202

8	3	4	6	7	9	2	1	5
5	1	7	8	2	3	9	4	6
6	2	9	4	1	5	8	3	7
7	4	8	5	6	2	1	9	3
3	9	1	7	4	8	6	5	2
2	6	5	9	3	1	4	7	8
1	8	6	3	9	7	5	2	4
4	7	2	1	5	6	3	8	9
9	5	3	2	8	4	7	6	1

203

8	6	4	5	2	9	1	7	3
3	1	5	8	4	7	6	2	9
9	2	7	3	1	6	8	4	5
7	4	3	1	6	8	9	5	2
1	5	6	9	7	2	4	3	8
2	8	9	4	3	5	7	6	1
5	7	8	2	9	4	3	1	6
6	3	2	7	8	1	5	9	4
4	9	1	6	5	3	2	8	7

204

1	4	6	3	8	2	7	9	5
2	3	5	9	1	7	4	6	8
7	9	8	6	4	5	1	2	3
9	5	2	8	7	6	3	4	1
6	8	3	1	5	4	9	7	2
4	1	7	2	9	3	8	5	6
8	6	1	4	2	9	5	3	7
5	2	9	7	3	8	6	1	4
3	7	4	5	6	1	2	8	9

205

2	3	7	8	9	5	6	4	1
9	8	5	1	6	4	7	2	3
1	4	6	2	7	3	5	8	9
7	9	4	5	3	1	8	6	2
3	6	8	7	4	2	9	1	5
5	2	1	6	8	9	4	3	7
6	5	3	4	2	7	1	9	8
8	1	9	3	5	6	2	7	4
4	7	2	9	1	8	3	5	6

206

6	2	3	4	8	7	9	5	1
9	5	8	3	1	2	4	6	7
1	4	7	9	6	5	3	8	2
5	6	4	1	2	3	7	9	8
2	7	9	8	5	4	1	3	6
3	8	1	7	9	6	5	2	4
8	9	5	6	7	1	2	4	3
4	1	2	5	3	8	6	7	9
7	3	6	2	4	9	8	1	5

207

4	3	1	8	6	9	2	7	5
2	7	6	4	5	3	1	9	8
5	8	9	1	2	7	3	4	6
8	9	2	5	1	4	6	3	7
1	4	3	6	7	8	5	2	9
7	6	5	3	9	2	8	1	4
6	2	4	9	8	1	7	5	3
9	5	7	2	3	6	4	8	1
3	1	8	7	4	5	9	6	2

208

7	1	9	6	3	4	2	8	5
4	6	2	8	1	5	9	3	7
8	3	5	9	7	2	4	6	1
9	7	1	4	6	8	3	5	2
6	5	4	3	2	1	7	9	8
2	8	3	7	5	9	1	4	6
3	2	8	1	9	6	5	7	4
5	4	7	2	8	3	6	1	9
1	9	6	5	4	7	8	2	3

209

2	3	4	6	1	5	9	8	7
7	6	1	8	9	3	5	2	4
9	5	8	4	7	2	1	6	3
1	4	7	2	5	9	6	3	8
5	8	6	3	4	7	2	1	9
3	9	2	1	8	6	4	7	5
6	7	9	5	2	8	3	4	1
8	1	3	9	6	4	7	5	2
4	2	5	7	3	1	8	9	6

210

1	7	8	6	9	5	4	3	2
9	4	6	1	3	2	7	5	8
2	3	5	8	4	7	1	9	6
5	1	3	7	8	4	2	6	9
8	6	9	2	1	3	5	7	4
4	2	7	9	5	6	8	1	3
3	8	2	5	7	9	6	4	1
7	9	1	4	6	8	3	2	5
6	5	4	3	2	1	9	8	7

211

7	3	8	9	6	5	1	2	4
5	2	9	8	1	4	6	7	3
6	4	1	3	2	7	5	8	9
3	8	6	7	9	1	4	5	2
2	9	4	6	5	3	8	1	7
1	7	5	2	4	8	3	9	6
9	1	7	4	8	6	2	3	5
4	5	2	1	3	9	7	6	8
8	6	3	5	7	2	9	4	1

212

3	5	6	9	1	7	2	4	8
9	4	7	3	2	8	1	6	5
8	1	2	6	4	5	9	3	7
7	9	8	2	3	1	6	5	4
2	3	4	5	9	6	7	8	1
1	6	5	8	7	4	3	2	9
6	8	3	7	5	9	4	1	2
5	7	1	4	6	2	8	9	3
4	2	9	1	8	3	5	7	6

213

4	7	3	5	2	9	6	1	8
6	5	9	8	3	1	7	2	4
1	2	8	7	6	4	5	3	9
8	9	2	1	5	6	4	7	3
3	4	5	9	7	8	1	6	2
7	6	1	3	4	2	8	9	5
5	1	6	4	9	3	2	8	7
9	8	4	2	1	7	3	5	6
2	3	7	6	8	5	9	4	1

214

9	7	5	8	4	2	1	3	6
1	6	3	9	5	7	2	8	4
8	4	2	3	1	6	5	7	9
3	9	8	1	2	5	4	6	7
6	5	4	7	9	8	3	1	2
7	2	1	6	3	4	9	5	8
2	1	7	4	8	3	6	9	5
5	8	9	2	6	1	7	4	3
4	3	6	5	7	9	8	2	1

215

1	7	3	6	2	8	4	5	9
5	9	6	7	1	4	8	2	3
2	4	8	5	3	9	7	1	6
9	3	7	2	6	1	5	8	4
6	5	4	8	9	7	1	3	2
8	2	1	4	5	3	9	6	7
4	1	9	3	8	6	2	7	5
7	6	2	1	4	5	3	9	8
3	8	5	9	7	2	6	4	1

216

4	7	3	1	5	8	2	6	9
9	5	1	2	4	6	7	8	3
8	6	2	9	7	3	5	1	4
2	1	6	4	8	9	3	7	5
5	8	9	7	3	1	6	4	2
3	4	7	5	6	2	1	9	8
6	9	5	8	2	7	4	3	1
7	2	8	3	1	4	9	5	6
1	3	4	6	9	5	8	2	7

217

9	2	7	8	4	5	1	6	3
1	3	8	6	7	9	4	2	5
4	6	5	2	3	1	7	8	9
2	9	6	3	8	7	5	4	1
5	8	3	9	1	4	2	7	6
7	1	4	5	6	2	9	3	8
3	5	9	7	2	6	8	1	4
6	4	2	1	9	8	3	5	7
8	7	1	4	5	3	6	9	2

218

3	7	6	9	1	4	2	8	5
1	2	5	6	3	8	9	4	7
9	4	8	2	7	5	6	3	1
4	8	2	5	9	1	7	6	3
6	5	9	3	4	7	1	2	8
7	1	3	8	6	2	4	5	9
2	9	1	4	5	3	8	7	6
5	6	4	7	8	9	3	1	2
8	3	7	1	2	6	5	9	4

219

9	5	3	8	7	2	4	1	6
6	8	4	9	1	5	2	3	7
1	2	7	3	4	6	9	5	8
7	4	5	2	6	3	1	8	9
8	1	2	5	9	7	3	6	4
3	9	6	1	8	4	5	7	2
4	3	1	7	2	8	6	9	5
5	6	8	4	3	9	7	2	1
2	7	9	6	5	1	8	4	3

220

3	8	7	9	1	2	6	5	4
2	5	9	4	6	3	1	7	8
6	1	4	8	7	5	3	9	2
9	7	6	2	5	4	8	1	3
8	4	5	1	3	6	7	2	9
1	2	3	7	8	9	5	4	6
4	6	8	5	2	7	9	3	1
5	3	2	6	9	1	4	8	7
7	9	1	3	4	8	2	6	5

221

8	5	9	7	2	4	1	3	6
4	2	1	6	3	9	7	5	8
7	6	3	5	8	1	9	4	2
6	9	4	2	5	8	3	1	7
5	1	8	3	4	7	2	6	9
2	3	7	1	9	6	5	8	4
1	7	2	8	6	3	4	9	5
3	4	6	9	7	5	8	2	1
9	8	5	4	1	2	6	7	3

222

2	4	6	7	3	9	8	1	5
3	7	5	1	6	8	9	4	2
8	9	1	5	2	4	7	6	3
1	3	2	8	9	7	4	5	6
7	5	9	6	4	1	3	2	8
4	6	8	2	5	3	1	9	7
5	1	7	9	8	2	6	3	4
9	2	3	4	7	6	5	8	1
6	8	4	3	1	5	2	7	9

223

2	4	3	5	8	9	1	7	6
5	8	6	1	4	7	2	9	3
7	1	9	3	2	6	8	4	5
6	5	7	8	3	4	9	2	1
1	9	8	7	5	2	3	6	4
4	3	2	9	6	1	5	8	7
3	6	5	2	7	8	4	1	9
8	7	1	4	9	3	6	5	2
9	2	4	6	1	5	7	3	8

224

2	7	1	3	4	9	8	5	6
8	6	5	7	1	2	9	3	4
9	3	4	5	8	6	2	1	7
7	9	8	6	5	4	3	2	1
4	5	3	8	2	1	6	7	9
1	2	6	9	7	3	4	8	5
6	1	9	2	3	7	5	4	8
3	8	7	4	9	5	1	6	2
5	4	2	1	6	8	7	9	3

225

4	5	9	6	2	3	1	7	8
7	1	3	8	4	9	2	6	5
2	8	6	7	1	5	3	4	9
6	3	2	1	9	8	7	5	4
1	9	7	5	6	4	8	2	3
8	4	5	3	7	2	9	1	6
5	6	8	2	3	1	4	9	7
9	7	1	4	8	6	5	3	2
3	2	4	9	5	7	6	8	1

226

8	6	4	7	9	5	2	3	1
3	2	5	8	1	6	7	9	4
9	7	1	2	4	3	5	8	6
1	3	2	9	8	7	4	6	5
6	8	7	5	3	4	1	2	9
4	5	9	6	2	1	8	7	3
5	9	8	4	6	2	3	1	7
7	1	6	3	5	8	9	4	2
2	4	3	1	7	9	6	5	8

227

9	2	8	4	6	3	7	1	5
4	5	3	7	8	1	2	6	9
1	7	6	2	5	9	4	8	3
6	3	1	9	2	4	8	5	7
5	9	7	8	3	6	1	4	2
8	4	2	1	7	5	3	9	6
7	6	4	5	1	2	9	3	8
3	8	9	6	4	7	5	2	1
2	1	5	3	9	8	6	7	4

228

9	8	3	7	4	1	2	5	6
4	5	1	8	2	6	9	3	7
6	2	7	3	5	9	8	4	1
5	7	9	4	6	3	1	2	8
3	1	2	9	7	8	4	6	5
8	6	4	2	1	5	7	9	3
7	3	5	1	9	4	6	8	2
1	9	6	5	8	2	3	7	4
2	4	8	6	3	7	5	1	9

229

5	6	1	7	9	4	8	3	2
2	4	7	3	8	5	9	1	6
9	8	3	1	2	6	7	4	5
8	1	9	6	5	3	2	7	4
6	3	5	2	4	7	1	8	9
4	7	2	9	1	8	6	5	3
7	5	4	8	6	2	3	9	1
1	2	8	5	3	9	4	6	7
3	9	6	4	7	1	5	2	8

230

2	7	4	3	5	8	1	6	9
8	6	1	7	9	2	5	3	4
5	3	9	1	4	6	8	2	7
4	9	8	6	3	1	7	5	2
1	5	3	4	2	7	6	9	8
7	2	6	9	8	5	3	4	1
9	8	2	5	1	3	4	7	6
3	1	7	2	6	4	9	8	5
6	4	5	8	7	9	2	1	3

231

3	8	1	4	9	6	7	5	2
2	7	9	3	5	1	4	8	6
6	5	4	8	2	7	1	9	3
7	3	2	5	8	4	9	6	1
1	6	8	7	3	9	5	2	4
4	9	5	6	1	2	8	3	7
8	2	7	1	6	5	3	4	9
9	4	3	2	7	8	6	1	5
5	1	6	9	4	3	2	7	8

232

6	9	7	8	1	5	3	2	4
1	3	4	2	9	6	5	7	8
8	5	2	4	7	3	1	6	9
4	2	5	7	3	9	8	1	6
9	6	8	1	4	2	7	5	3
3	7	1	6	5	8	9	4	2
7	1	9	3	2	4	6	8	5
2	8	3	5	6	1	4	9	7
5	4	6	9	8	7	2	3	1

233

2	3	4	8	9	7	5	6	1
8	6	7	1	4	5	9	3	2
5	1	9	3	6	2	8	7	4
7	8	1	9	3	6	2	4	5
4	5	6	2	8	1	7	9	3
9	2	3	5	7	4	1	8	6
6	7	2	4	1	9	3	5	8
3	4	5	7	2	8	6	1	9
1	9	8	6	5	3	4	2	7

234

1	6	5	9	4	7	8	2	3
7	8	9	1	2	3	4	5	6
3	4	2	6	5	8	1	9	7
8	1	7	4	6	5	9	3	2
2	3	6	8	1	9	5	7	4
9	5	4	3	7	2	6	1	8
4	7	1	2	9	6	3	8	5
6	2	8	5	3	1	7	4	9
5	9	3	7	8	4	2	6	1

235

1	3	8	7	2	4	6	9	5
7	9	2	6	8	5	4	3	1
5	6	4	3	9	1	8	2	7
6	8	7	9	4	3	1	5	2
4	1	9	2	5	8	7	6	3
2	5	3	1	6	7	9	8	4
9	7	5	4	3	6	2	1	8
8	4	6	5	1	2	3	7	9
3	2	1	8	7	9	5	4	6

236

4	3	9	2	6	8	5	1	7
7	6	1	5	4	9	3	8	2
2	8	5	7	1	3	9	6	4
6	1	3	9	7	2	8	4	5
9	7	8	6	5	4	1	2	3
5	4	2	8	3	1	6	7	9
3	5	6	4	8	7	2	9	1
8	9	4	1	2	5	7	3	6
1	2	7	3	9	6	4	5	8

237

5	4	9	1	8	2	6	7	3
6	2	3	7	4	9	1	5	8
7	8	1	3	6	5	4	9	2
4	7	6	5	3	1	8	2	9
8	9	5	6	2	4	3	1	7
3	1	2	8	9	7	5	4	6
2	5	8	4	7	3	9	6	1
1	6	7	9	5	8	2	3	4
9	3	4	2	1	6	7	8	5

238

2	7	9	5	8	1	4	6	3
4	5	1	2	6	3	7	9	8
3	6	8	9	7	4	1	2	5
7	8	2	6	4	5	3	1	9
1	9	4	3	2	8	6	5	7
5	3	6	7	1	9	8	4	2
6	1	5	8	9	7	2	3	4
9	4	7	1	3	2	5	8	6
8	2	3	4	5	6	9	7	1

239

6	1	4	7	8	5	2	3	9
3	9	7	2	6	1	4	8	5
2	5	8	9	3	4	7	6	1
5	8	1	4	9	7	6	2	3
4	6	9	3	2	8	1	5	7
7	2	3	1	5	6	8	9	4
1	3	2	8	7	9	5	4	6
8	7	6	5	4	3	9	1	2
9	4	5	6	1	2	3	7	8

240

5	2	1	7	8	3	4	6	9
7	4	8	6	1	9	3	2	5
9	3	6	5	2	4	7	8	1
8	7	9	2	3	1	5	4	6
2	6	3	8	4	5	9	1	7
4	1	5	9	6	7	8	3	2
1	8	7	3	5	2	6	9	4
6	5	4	1	9	8	2	7	3
3	9	2	4	7	6	1	5	8

241

9	8	2	7	3	5	6	4	1
7	3	4	1	9	6	2	5	8
5	6	1	2	8	4	9	3	7
8	7	3	6	2	1	5	9	4
2	4	9	5	7	8	1	6	3
6	1	5	9	4	3	7	8	2
1	9	8	4	6	7	3	2	5
3	2	7	8	5	9	4	1	6
4	5	6	3	1	2	8	7	9

242

3	1	7	9	2	8	5	6	4
9	5	8	6	3	4	7	1	2
2	4	6	7	5	1	9	3	8
6	7	4	5	1	2	3	8	9
8	9	3	4	7	6	1	2	5
1	2	5	8	9	3	4	7	6
5	6	2	3	4	7	8	9	1
4	3	1	2	8	9	6	5	7
7	8	9	1	6	5	2	4	3

243

9	6	5	8	3	2	1	7	4
3	4	2	7	1	9	6	5	8
7	1	8	6	4	5	3	9	2
4	2	7	3	9	8	5	1	6
1	3	6	5	2	4	9	8	7
5	8	9	1	7	6	4	2	3
6	5	4	9	8	7	2	3	1
8	9	3	2	6	1	7	4	5
2	7	1	4	5	3	8	6	9

244

5	2	1	8	3	9	6	4	7
9	8	7	4	5	6	2	3	1
6	4	3	1	7	2	8	5	9
2	9	4	3	8	7	5	1	6
3	7	6	5	9	1	4	2	8
1	5	8	2	6	4	9	7	3
4	6	2	9	1	3	7	8	5
8	3	9	7	2	5	1	6	4
7	1	5	6	4	8	3	9	2

245

9	2	6	8	7	1	4	3	5
5	1	3	4	9	6	2	8	7
7	4	8	3	5	2	1	9	6
4	6	5	7	8	9	3	2	1
1	8	2	5	6	3	7	4	9
3	7	9	1	2	4	6	5	8
2	9	1	6	4	8	5	7	3
6	5	4	9	3	7	8	1	2
8	3	7	2	1	5	9	6	4

246

3	7	6	9	5	4	2	8	1
4	1	2	8	7	6	3	9	5
9	8	5	2	1	3	4	7	6
5	6	8	4	9	1	7	3	2
7	4	9	5	3	2	1	6	8
1	2	3	6	8	7	5	4	9
2	9	1	7	4	8	6	5	3
8	3	4	1	6	5	9	2	7
6	5	7	3	2	9	8	1	4

247

3	2	1	8	7	9	5	4	6
4	5	7	6	2	3	8	1	9
6	9	8	5	1	4	3	7	2
7	6	9	2	3	1	4	5	8
8	3	5	9	4	6	7	2	1
1	4	2	7	8	5	9	6	3
5	1	3	4	9	2	6	8	7
2	8	4	3	6	7	1	9	5
9	7	6	1	5	8	2	3	4

248

5	8	1	9	6	4	7	2	3
2	7	6	1	3	5	4	8	9
4	9	3	2	8	7	6	5	1
7	3	4	5	9	6	2	1	8
9	6	8	7	2	1	3	4	5
1	5	2	3	4	8	9	6	7
8	2	7	6	1	3	5	9	4
3	1	9	4	5	2	8	7	6
6	4	5	8	7	9	1	3	2

249

8	9	2	6	3	7	1	5	4
3	4	7	1	9	5	8	6	2
5	6	1	8	4	2	3	9	7
6	3	4	7	2	1	9	8	5
9	7	8	5	6	4	2	1	3
2	1	5	3	8	9	4	7	6
7	2	9	4	1	6	5	3	8
1	5	3	2	7	8	6	4	9
4	8	6	9	5	3	7	2	1

250

5	1	3	7	9	4	2	8	6
4	6	7	1	8	2	5	3	9
8	9	2	6	5	3	1	7	4
7	4	6	9	2	1	8	5	3
2	8	9	5	3	6	7	4	1
3	5	1	8	4	7	6	9	2
9	2	8	4	1	5	3	6	7
6	3	5	2	7	9	4	1	8
1	7	4	3	6	8	9	2	5

251

3	6	5	2	8	4	7	1	9
4	2	7	1	6	9	8	5	3
8	1	9	7	5	3	6	4	2
7	9	4	8	2	6	1	3	5
2	8	3	5	9	1	4	7	6
6	5	1	4	3	7	2	9	8
5	4	6	3	1	2	9	8	7
9	7	8	6	4	5	3	2	1
1	3	2	9	7	8	5	6	4

252

3	1	4	2	7	8	5	9	6
6	5	2	9	3	1	4	7	8
9	7	8	6	5	4	2	1	3
1	9	3	5	2	6	7	8	4
2	8	7	1	4	3	9	6	5
4	6	5	7	8	9	1	3	2
8	2	6	4	1	7	3	5	9
7	4	9	3	6	5	8	2	1
5	3	1	8	9	2	6	4	7

253

4	5	9	8	2	3	7	1	6
6	1	2	4	7	5	9	8	3
3	8	7	9	6	1	2	5	4
8	7	1	3	9	2	6	4	5
9	3	4	6	5	7	8	2	1
2	6	5	1	8	4	3	9	7
5	2	3	7	1	8	4	6	9
1	4	6	2	3	9	5	7	8
7	9	8	5	4	6	1	3	2

254

6	5	8	3	7	9	4	1	2
9	4	3	6	1	2	5	8	7
1	7	2	5	8	4	9	6	3
3	6	4	8	5	7	2	9	1
5	8	7	2	9	1	3	4	6
2	1	9	4	6	3	8	7	5
7	9	5	1	3	8	6	2	4
4	3	1	9	2	6	7	5	8
8	2	6	7	4	5	1	3	9

255

3	1	2	5	4	6	9	8	7
5	6	7	3	9	8	4	2	1
8	9	4	7	1	2	3	5	6
7	8	3	6	5	9	2	1	4
6	5	1	2	8	4	7	9	3
4	2	9	1	7	3	5	6	8
1	4	8	9	3	5	6	7	2
2	3	5	8	6	7	1	4	9
9	7	6	4	2	1	8	3	5

256

6	2	3	4	9	7	8	1	5
7	1	5	3	2	8	4	9	6
8	9	4	5	1	6	2	3	7
2	6	7	8	3	1	5	4	9
3	4	1	9	6	5	7	8	2
5	8	9	2	7	4	3	6	1
9	7	2	1	4	3	6	5	8
1	3	8	6	5	2	9	7	4
4	5	6	7	8	9	1	2	3

257

1	3	2	4	5	6	9	8	7
4	7	8	1	3	9	2	5	6
6	9	5	2	8	7	4	3	1
5	4	3	6	1	8	7	2	9
9	2	1	7	4	5	3	6	8
7	8	6	3	9	2	5	1	4
3	1	7	8	2	4	6	9	5
8	5	4	9	6	3	1	7	2
2	6	9	5	7	1	8	4	3

258

7	6	4	5	1	3	9	2	8
3	2	8	7	9	6	5	1	4
1	9	5	2	4	8	6	3	7
2	8	6	1	3	9	7	4	5
9	4	1	8	5	7	2	6	3
5	3	7	4	6	2	8	9	1
6	5	3	9	8	4	1	7	2
8	7	9	3	2	1	4	5	6
4	1	2	6	7	5	3	8	9

259

5	1	3	4	6	7	2	8	9
6	4	2	9	8	5	1	3	7
9	7	8	1	2	3	4	5	6
2	6	7	8	4	9	5	1	3
4	8	1	5	3	6	9	7	2
3	9	5	7	1	2	6	4	8
7	3	9	2	5	1	8	6	4
1	2	4	6	7	8	3	9	5
8	5	6	3	9	4	7	2	1

260

9	5	1	4	6	8	3	2	7
4	3	6	2	7	9	1	8	5
2	7	8	1	3	5	9	6	4
6	4	9	7	8	3	2	5	1
5	8	7	9	2	1	6	4	3
1	2	3	6	5	4	7	9	8
3	1	2	5	4	6	8	7	9
7	9	5	8	1	2	4	3	6
8	6	4	3	9	7	5	1	2

261

2	5	7	6	9	4	8	3	1
8	9	1	3	5	2	6	4	7
3	4	6	1	7	8	2	5	9
9	7	8	4	6	5	3	1	2
4	6	5	2	3	1	9	7	8
1	3	2	7	8	9	5	6	4
7	8	4	5	2	3	1	9	6
6	2	3	9	1	7	4	8	5
5	1	9	8	4	6	7	2	3

262

5	4	1	9	7	2	8	6	3
7	6	3	8	5	4	1	2	9
2	9	8	3	1	6	4	5	7
6	7	5	4	2	1	3	9	8
3	1	9	6	8	5	7	4	2
4	8	2	7	3	9	6	1	5
9	2	7	1	6	8	5	3	4
8	5	6	2	4	3	9	7	1
1	3	4	5	9	7	2	8	6

263

4	1	3	5	9	6	2	7	8
2	7	9	4	3	8	5	6	1
6	5	8	7	2	1	3	9	4
7	3	2	9	8	5	1	4	6
5	8	1	6	4	3	9	2	7
9	6	4	1	7	2	8	3	5
8	9	5	2	6	4	7	1	3
3	4	7	8	1	9	6	5	2
1	2	6	3	5	7	4	8	9

264

8	7	9	3	2	1	5	6	4
5	1	3	7	6	4	9	2	8
2	4	6	8	5	9	3	7	1
6	8	4	2	7	3	1	5	9
7	9	5	4	1	6	8	3	2
1	3	2	5	9	8	7	4	6
4	5	1	9	3	2	6	8	7
3	6	8	1	4	7	2	9	5
9	2	7	6	8	5	4	1	3

265

6	7	1	2	5	9	8	3	4
4	9	3	6	8	1	5	2	7
2	5	8	7	3	4	6	9	1
7	3	4	8	1	2	9	5	6
1	2	9	5	4	6	3	7	8
8	6	5	3	9	7	4	1	2
3	1	7	9	6	8	2	4	5
9	8	2	4	7	5	1	6	3
5	4	6	1	2	3	7	8	9

266

1	5	9	4	3	8	7	2	6
7	3	8	2	6	9	1	4	5
6	2	4	7	5	1	8	3	9
4	8	1	6	9	5	2	7	3
3	6	5	8	7	2	4	9	1
2	9	7	3	1	4	6	5	8
9	1	2	5	8	7	3	6	4
5	4	6	1	2	3	9	8	7
8	7	3	9	4	6	5	1	2

267

5	4	3	9	8	6	2	1	7
1	6	9	3	7	2	4	8	5
2	8	7	1	4	5	9	3	6
4	7	2	8	9	1	6	5	3
3	5	8	2	6	7	1	9	4
6	9	1	5	3	4	8	7	2
7	2	5	6	1	9	3	4	8
9	3	6	4	5	8	7	2	1
8	1	4	7	2	3	5	6	9

268

3	1	2	5	4	6	8	7	9
7	5	8	3	1	9	4	2	6
6	9	4	2	8	7	5	1	3
2	8	3	1	6	5	7	9	4
5	6	7	8	9	4	1	3	2
9	4	1	7	3	2	6	5	8
8	7	9	4	5	3	2	6	1
1	3	5	6	2	8	9	4	7
4	2	6	9	7	1	3	8	5

269

6	4	5	3	1	2	8	7	9
8	1	9	4	6	7	5	2	3
2	7	3	5	9	8	4	1	6
5	9	7	1	8	6	2	3	4
4	3	8	2	7	5	9	6	1
1	2	6	9	3	4	7	5	8
3	5	1	8	2	9	6	4	7
7	8	4	6	5	3	1	9	2
9	6	2	7	4	1	3	8	5

270

7	8	3	9	1	6	4	2	5
1	2	5	7	8	4	9	3	6
9	6	4	3	5	2	7	1	8
6	7	2	4	9	8	1	5	3
5	3	9	6	7	1	8	4	2
4	1	8	2	3	5	6	9	7
3	4	1	5	6	7	2	8	9
2	5	7	8	4	9	3	6	1
8	9	6	1	2	3	5	7	4

271

2	4	9	8	1	7	5	6	3
6	1	5	9	2	3	8	4	7
8	3	7	6	4	5	2	1	9
9	6	4	5	3	2	7	8	1
1	7	2	4	8	9	3	5	6
5	8	3	7	6	1	9	2	4
7	5	6	2	9	4	1	3	8
4	2	1	3	7	8	6	9	5
3	9	8	1	5	6	4	7	2

272

4	1	6	8	5	7	2	3	9
8	7	2	9	3	1	6	5	4
3	5	9	6	4	2	8	7	1
6	3	1	5	2	9	7	4	8
2	8	7	3	1	4	5	9	6
5	9	4	7	6	8	3	1	2
7	4	3	1	8	6	9	2	5
9	2	8	4	7	5	1	6	3
1	6	5	2	9	3	4	8	7

273

1	5	2	8	3	9	6	4	7
7	3	9	2	6	4	5	8	1
4	6	8	7	5	1	9	2	3
9	2	4	1	8	7	3	6	5
3	7	5	4	2	6	8	1	9
6	8	1	5	9	3	2	7	4
8	9	7	3	1	2	4	5	6
2	1	3	6	4	5	7	9	8
5	4	6	9	7	8	1	3	2

274

1	8	3	5	7	2	9	4	6
7	5	6	4	3	9	1	8	2
4	9	2	1	6	8	3	7	5
6	4	1	9	8	3	2	5	7
5	3	8	2	1	7	6	9	4
2	7	9	6	5	4	8	3	1
9	1	7	8	4	6	5	2	3
3	2	5	7	9	1	4	6	8
8	6	4	3	2	5	7	1	9

275

5	2	3	8	6	1	7	9	4
7	1	9	5	4	3	8	6	2
6	4	8	9	7	2	3	5	1
9	8	5	6	2	4	1	3	7
4	3	1	7	8	9	6	2	5
2	7	6	1	3	5	9	4	8
8	6	4	3	5	7	2	1	9
1	5	7	2	9	6	4	8	3
3	9	2	4	1	8	5	7	6

276

3	4	5	9	7	8	6	2	1
2	7	8	3	1	6	5	4	9
6	9	1	5	2	4	7	8	3
9	1	2	7	6	5	8	3	4
8	3	6	4	9	2	1	7	5
7	5	4	1	8	3	9	6	2
1	2	3	8	5	7	4	9	6
4	8	9	6	3	1	2	5	7
5	6	7	2	4	9	3	1	8

277

6	3	4	9	5	1	7	2	8
9	7	2	4	8	3	6	5	1
1	5	8	2	7	6	9	4	3
7	6	5	8	1	4	2	3	9
3	8	1	5	2	9	4	7	6
4	2	9	3	6	7	1	8	5
8	1	3	6	4	2	5	9	7
5	4	6	7	9	8	3	1	2
2	9	7	1	3	5	8	6	4

278

4	5	8	6	1	3	2	9	7
1	2	9	4	5	7	6	8	3
7	3	6	2	9	8	1	4	5
3	4	5	9	7	2	8	6	1
6	7	2	8	4	1	5	3	9
8	9	1	5	3	6	7	2	4
2	1	3	7	8	4	9	5	6
9	8	4	1	6	5	3	7	2
5	6	7	3	2	9	4	1	8

279

3	9	7	2	5	1	6	8	4
8	1	2	7	4	6	3	5	9
4	6	5	3	9	8	1	7	2
6	4	8	9	2	7	5	3	1
7	5	9	1	3	4	2	6	8
1	2	3	6	8	5	9	4	7
5	7	1	8	6	2	4	9	3
9	8	6	4	1	3	7	2	5
2	3	4	5	7	9	8	1	6

280

3	6	7	4	5	8	9	2	1
1	9	5	2	7	6	8	3	4
2	4	8	9	1	3	7	5	6
9	5	1	7	6	2	3	4	8
4	7	3	1	8	9	2	6	5
6	8	2	5	3	4	1	7	9
5	1	4	3	9	7	6	8	2
8	3	9	6	2	5	4	1	7
7	2	6	8	4	1	5	9	3

281

3	1	8	4	9	6	2	7	5
6	5	2	1	3	7	4	9	8
9	4	7	5	8	2	6	3	1
7	2	1	6	5	3	9	8	4
5	6	4	9	7	8	1	2	3
8	9	3	2	1	4	5	6	7
1	3	6	7	2	5	8	4	9
2	8	5	3	4	9	7	1	6
4	7	9	8	6	1	3	5	2

282

4	3	8	9	6	7	1	2	5
2	1	9	4	5	8	3	6	7
6	7	5	3	2	1	8	4	9
8	6	1	2	3	5	7	9	4
9	2	7	1	8	4	6	5	3
5	4	3	6	7	9	2	8	1
3	8	4	7	9	2	5	1	6
7	9	2	5	1	6	4	3	8
1	5	6	8	4	3	9	7	2

283

3	7	4	5	6	9	1	2	8
9	1	6	8	2	3	7	5	4
2	5	8	7	4	1	6	3	9
1	8	3	2	7	6	9	4	5
5	4	9	1	3	8	2	6	7
7	6	2	9	5	4	3	8	1
4	2	5	6	1	7	8	9	3
8	3	7	4	9	2	5	1	6
6	9	1	3	8	5	4	7	2

284

9	7	4	6	5	3	2	1	8
5	1	3	8	2	4	7	9	6
2	6	8	9	1	7	5	4	3
4	8	5	7	6	9	1	3	2
3	9	7	2	8	1	6	5	4
1	2	6	3	4	5	8	7	9
8	3	9	5	7	2	4	6	1
7	4	2	1	3	6	9	8	5
6	5	1	4	9	8	3	2	7

285

5	4	8	9	2	1	6	3	7
2	6	9	3	7	5	1	4	8
3	1	7	6	4	8	9	5	2
7	2	3	8	6	9	5	1	4
9	8	1	7	5	4	2	6	3
6	5	4	1	3	2	8	7	9
8	3	6	2	1	7	4	9	5
4	7	2	5	9	6	3	8	1
1	9	5	4	8	3	7	2	6

286

2	4	7	8	9	6	5	3	1
9	8	6	5	3	1	7	4	2
1	5	3	2	7	4	9	8	6
5	6	2	4	1	9	3	7	8
7	1	8	3	2	5	4	6	9
4	3	9	7	6	8	1	2	5
3	9	1	6	4	2	8	5	7
8	2	4	9	5	7	6	1	3
6	7	5	1	8	3	2	9	4

287

3	9	5	8	6	7	1	2	4
1	6	4	9	2	5	3	7	8
7	2	8	1	4	3	9	6	5
9	1	6	4	3	8	2	5	7
2	4	7	5	9	6	8	1	3
5	8	3	7	1	2	6	4	9
8	7	2	3	5	1	4	9	6
6	5	9	2	8	4	7	3	1
4	3	1	6	7	9	5	8	2

288

8	1	7	9	4	2	6	5	3
2	5	9	6	1	3	8	4	7
4	6	3	7	8	5	9	1	2
9	3	5	8	2	4	1	7	6
1	8	4	3	7	6	5	2	9
7	2	6	5	9	1	4	3	8
5	7	8	4	3	9	2	6	1
6	9	2	1	5	7	3	8	4
3	4	1	2	6	8	7	9	5

289

2	5	4	9	1	8	6	7	3
9	8	6	7	2	3	4	1	5
3	1	7	4	5	6	8	2	9
7	4	1	3	8	9	2	5	6
5	2	8	1	6	7	3	9	4
6	9	3	2	4	5	1	8	7
8	3	5	6	9	2	7	4	1
1	6	9	8	7	4	5	3	2
4	7	2	5	3	1	9	6	8

290

7	2	3	1	5	8	4	9	6
5	9	6	3	4	7	1	8	2
4	8	1	6	9	2	3	7	5
1	5	8	4	7	6	9	2	3
2	6	4	9	3	5	8	1	7
3	7	9	8	2	1	6	5	4
9	1	7	5	6	3	2	4	8
6	4	2	7	8	9	5	3	1
8	3	5	2	1	4	7	6	9

291

8	7	1	2	9	5	6	3	4
3	9	4	8	7	6	2	1	5
6	2	5	4	3	1	8	7	9
1	5	3	6	2	7	4	9	8
4	6	7	9	1	8	3	5	2
2	8	9	3	5	4	1	6	7
9	1	2	5	8	3	7	4	6
7	4	8	1	6	9	5	2	3
5	3	6	7	4	2	9	8	1

292

4	2	6	9	5	8	1	3	7
7	3	9	2	1	4	8	6	5
8	5	1	7	6	3	9	4	2
9	4	5	1	8	7	3	2	6
1	7	3	6	4	2	5	8	9
6	8	2	5	3	9	7	1	4
3	6	4	8	9	5	2	7	1
5	1	7	3	2	6	4	9	8
2	9	8	4	7	1	6	5	3

293

5	9	6	1	8	3	2	4	7
8	4	3	5	7	2	1	9	6
1	2	7	4	9	6	5	8	3
7	1	8	9	4	5	6	3	2
6	5	9	3	2	1	8	7	4
2	3	4	7	6	8	9	1	5
3	7	2	6	1	9	4	5	8
9	8	5	2	3	4	7	6	1
4	6	1	8	5	7	3	2	9

294

7	9	4	6	2	3	5	8	1
6	1	3	5	7	8	4	9	2
5	8	2	9	1	4	7	3	6
1	2	5	3	4	6	9	7	8
4	7	8	1	9	5	6	2	3
3	6	9	2	8	7	1	5	4
8	4	1	7	3	9	2	6	5
9	3	6	4	5	2	8	1	7
2	5	7	8	6	1	3	4	9

295

6	5	4	9	8	7	1	2	3
8	9	7	2	3	1	4	5	6
2	3	1	6	5	4	9	7	8
4	7	2	8	6	9	3	1	5
1	6	5	7	4	3	2	8	9
3	8	9	1	2	5	7	6	4
9	2	3	5	7	8	6	4	1
5	4	6	3	1	2	8	9	7
7	1	8	4	9	6	5	3	2

296

3	1	2	9	7	4	8	6	5
7	9	4	5	6	8	1	2	3
5	6	8	2	3	1	4	7	9
1	2	5	7	9	3	6	8	4
6	4	9	1	8	5	2	3	7
8	7	3	4	2	6	9	5	1
2	5	1	6	4	7	3	9	8
4	3	6	8	5	9	7	1	2
9	8	7	3	1	2	5	4	6

297

5	3	1	2	7	4	8	6	9
6	9	7	1	8	3	5	2	4
8	4	2	6	5	9	3	1	7
4	1	8	5	2	6	9	7	3
2	6	5	3	9	7	4	8	1
3	7	9	4	1	8	6	5	2
9	5	4	7	6	1	2	3	8
1	8	6	9	3	2	7	4	5
7	2	3	8	4	5	1	9	6

298

9	7	4	3	5	2	6	8	1
8	2	6	9	7	1	5	3	4
1	5	3	4	6	8	9	2	7
7	8	5	2	9	3	4	1	6
4	6	9	8	1	7	3	5	2
3	1	2	5	4	6	8	7	9
2	9	8	1	3	4	7	6	5
5	3	7	6	2	9	1	4	8
6	4	1	7	8	5	2	9	3

© 2013 buysudokubooks.com 203 The Must Have 2014 Sudoku Puzzle Book

299

6	4	7	2	9	8	1	3	5
5	9	8	3	7	1	6	4	2
3	1	2	6	5	4	7	9	8
7	3	9	5	2	6	4	8	1
2	5	4	8	1	3	9	6	7
8	6	1	9	4	7	2	5	3
9	7	3	1	6	5	8	2	4
4	2	5	7	8	9	3	1	6
1	8	6	4	3	2	5	7	9

300

8	2	5	1	7	6	9	4	3
4	9	6	3	2	8	1	7	5
3	7	1	4	9	5	6	8	2
1	6	8	7	5	2	4	3	9
7	4	2	9	1	3	5	6	8
9	5	3	8	6	4	7	2	1
5	3	7	2	4	1	8	9	6
2	1	4	6	8	9	3	5	7
6	8	9	5	3	7	2	1	4

301

5	1	6	3	9	7	4	8	2
7	3	2	8	4	6	1	9	5
8	9	4	1	5	2	3	6	7
4	8	1	7	6	5	9	2	3
9	7	5	2	3	4	8	1	6
2	6	3	9	1	8	5	7	4
6	5	9	4	7	1	2	3	8
1	2	7	5	8	3	6	4	9
3	4	8	6	2	9	7	5	1

302

1	9	8	4	2	7	6	5	3
4	3	5	9	6	1	2	7	8
6	7	2	8	3	5	9	4	1
5	8	9	6	4	2	1	3	7
2	1	3	7	9	8	4	6	5
7	6	4	1	5	3	8	9	2
3	5	6	2	8	9	7	1	4
8	4	1	5	7	6	3	2	9
9	2	7	3	1	4	5	8	6

303

4	8	1	2	6	5	9	7	3
2	6	3	1	9	7	5	8	4
9	5	7	4	3	8	1	2	6
3	4	5	7	8	6	2	9	1
1	7	2	5	4	9	3	6	8
8	9	6	3	1	2	4	5	7
6	2	4	8	5	1	7	3	9
7	3	9	6	2	4	8	1	5
5	1	8	9	7	3	6	4	2

304

5	8	3	4	7	9	1	2	6
4	2	7	6	1	3	8	9	5
6	1	9	2	5	8	7	4	3
8	7	1	3	2	4	5	6	9
3	5	4	1	9	6	2	7	8
9	6	2	5	8	7	3	1	4
2	9	5	8	4	1	6	3	7
7	3	8	9	6	2	4	5	1
1	4	6	7	3	5	9	8	2

305

1	2	3	8	7	9	6	4	5
9	5	7	4	1	6	3	2	8
6	4	8	5	3	2	7	1	9
2	9	4	6	5	3	1	8	7
8	3	5	7	4	1	9	6	2
7	6	1	2	9	8	4	5	3
3	8	9	1	2	4	5	7	6
5	1	2	9	6	7	8	3	4
4	7	6	3	8	5	2	9	1

306

7	9	1	2	6	4	3	5	8
8	4	2	7	3	5	9	1	6
5	3	6	1	8	9	2	7	4
6	7	3	9	2	8	5	4	1
1	5	8	4	7	3	6	2	9
4	2	9	6	5	1	7	8	3
9	6	5	8	4	2	1	3	7
2	8	7	3	1	6	4	9	5
3	1	4	5	9	7	8	6	2

307

9	3	4	6	7	1	5	2	8
5	7	8	2	3	4	1	9	6
2	1	6	8	9	5	3	7	4
3	6	5	4	8	7	2	1	9
8	9	7	1	2	3	6	4	5
4	2	1	5	6	9	8	3	7
1	8	9	3	4	6	7	5	2
6	4	3	7	5	2	9	8	1
7	5	2	9	1	8	4	6	3

308

9	7	1	6	5	3	4	2	8
4	8	6	2	1	7	5	9	3
3	2	5	4	8	9	7	6	1
5	9	2	1	4	8	3	7	6
6	3	8	7	2	5	9	1	4
1	4	7	9	3	6	2	8	5
2	1	9	3	6	4	8	5	7
8	6	3	5	7	2	1	4	9
7	5	4	8	9	1	6	3	2

309

9	2	3	1	6	4	8	7	5
8	6	4	5	7	9	2	1	3
5	7	1	3	8	2	6	9	4
3	5	8	7	2	1	4	6	9
1	4	2	6	9	5	3	8	7
6	9	7	4	3	8	5	2	1
7	8	6	9	5	3	1	4	2
4	3	9	2	1	6	7	5	8
2	1	5	8	4	7	9	3	6

310

5	1	2	9	4	3	6	7	8
8	9	4	6	7	2	1	3	5
3	6	7	1	5	8	4	9	2
2	5	1	4	3	7	8	6	9
7	8	6	5	1	9	3	2	4
9	4	3	8	2	6	7	5	1
4	7	8	2	6	5	9	1	3
6	2	9	3	8	1	5	4	7
1	3	5	7	9	4	2	8	6

311

9	4	1	7	3	5	6	8	2
2	5	6	4	1	8	7	9	3
8	7	3	2	6	9	5	4	1
3	1	5	9	8	6	2	7	4
6	9	2	3	7	4	8	1	5
4	8	7	5	2	1	3	6	9
1	6	9	8	5	2	4	3	7
7	2	8	1	4	3	9	5	6
5	3	4	6	9	7	1	2	8

312

6	2	7	3	4	1	8	9	5
1	9	3	7	8	5	2	4	6
4	5	8	2	9	6	3	1	7
3	8	9	4	7	2	6	5	1
2	1	4	6	5	8	7	3	9
5	7	6	1	3	9	4	8	2
8	6	5	9	2	4	1	7	3
9	3	1	8	6	7	5	2	4
7	4	2	5	1	3	9	6	8

313

7	4	2	8	6	9	3	1	5
1	5	9	3	2	4	8	6	7
6	3	8	1	7	5	2	4	9
9	8	3	6	5	1	4	7	2
5	7	6	4	9	2	1	3	8
2	1	4	7	3	8	5	9	6
8	9	7	2	1	3	6	5	4
3	2	5	9	4	6	7	8	1
4	6	1	5	8	7	9	2	3

314

8	5	3	4	7	9	1	6	2
9	6	2	1	5	8	7	4	3
1	7	4	6	3	2	5	9	8
2	1	8	7	6	4	3	5	9
5	4	9	8	1	3	2	7	6
6	3	7	2	9	5	4	8	1
7	9	1	3	4	6	8	2	5
3	2	6	5	8	7	9	1	4
4	8	5	9	2	1	6	3	7

315

8	4	7	9	6	2	1	3	5
3	2	1	5	4	8	6	7	9
9	5	6	7	3	1	8	4	2
5	7	4	1	8	9	2	6	3
1	6	9	2	7	3	5	8	4
2	3	8	4	5	6	9	1	7
7	9	3	6	1	5	4	2	8
4	1	5	8	2	7	3	9	6
6	8	2	3	9	4	7	5	1

316

6	4	3	9	1	2	5	7	8
5	9	1	8	7	3	2	6	4
7	2	8	6	4	5	3	1	9
9	5	7	2	8	4	1	3	6
3	1	6	7	5	9	8	4	2
2	8	4	3	6	1	9	5	7
8	7	5	1	2	6	4	9	3
4	6	9	5	3	8	7	2	1
1	3	2	4	9	7	6	8	5

317

7	5	2	6	8	1	9	4	3
8	6	9	4	2	3	7	5	1
3	4	1	7	9	5	6	2	8
4	7	5	3	6	8	2	1	9
9	3	6	2	1	7	4	8	5
1	2	8	9	5	4	3	6	7
5	9	7	8	4	2	1	3	6
6	1	4	5	3	9	8	7	2
2	8	3	1	7	6	5	9	4

318

8	9	3	2	6	4	7	5	1
4	1	7	9	8	5	6	2	3
5	6	2	7	1	3	8	4	9
2	8	6	1	3	9	5	7	4
7	4	1	5	2	6	3	9	8
3	5	9	8	4	7	1	6	2
6	2	4	3	5	8	9	1	7
9	3	5	4	7	1	2	8	6
1	7	8	6	9	2	4	3	5

319

5	7	4	6	9	1	3	2	8
1	3	8	7	4	2	5	6	9
6	2	9	8	3	5	4	7	1
4	8	7	2	5	6	9	1	3
9	6	5	3	1	4	2	8	7
2	1	3	9	7	8	6	4	5
7	9	1	4	2	3	8	5	6
8	5	2	1	6	9	7	3	4
3	4	6	5	8	7	1	9	2

320

5	3	9	7	2	1	8	4	6
6	2	4	5	8	3	1	7	9
1	8	7	4	9	6	2	3	5
9	6	8	2	3	4	5	1	7
4	5	2	1	6	7	9	8	3
7	1	3	9	5	8	6	2	4
8	7	5	3	1	9	4	6	2
2	4	6	8	7	5	3	9	1
3	9	1	6	4	2	7	5	8

321

8	2	6	4	1	5	7	3	9
7	3	4	9	2	8	5	6	1
1	5	9	7	3	6	2	4	8
6	7	1	2	9	3	8	5	4
9	4	5	8	6	7	1	2	3
3	8	2	5	4	1	9	7	6
4	9	3	1	7	2	6	8	5
2	6	8	3	5	9	4	1	7
5	1	7	6	8	4	3	9	2

322

6	8	5	7	1	3	2	4	9
3	4	2	5	8	9	6	7	1
7	9	1	4	2	6	5	3	8
8	5	7	3	4	2	9	1	6
2	6	4	9	5	1	7	8	3
9	1	3	8	6	7	4	2	5
4	3	6	2	9	8	1	5	7
1	2	8	6	7	5	3	9	4
5	7	9	1	3	4	8	6	2

323

2	4	5	7	3	9	1	6	8
8	1	3	6	2	4	9	5	7
6	7	9	1	8	5	3	2	4
5	9	2	4	6	8	7	1	3
7	6	4	5	1	3	8	9	2
3	8	1	9	7	2	6	4	5
4	5	6	8	9	7	2	3	1
9	3	7	2	5	1	4	8	6
1	2	8	3	4	6	5	7	9

324

7	4	8	2	5	3	6	9	1
5	6	3	9	7	1	4	8	2
1	2	9	6	4	8	3	5	7
9	5	2	7	8	6	1	3	4
8	3	6	1	9	4	7	2	5
4	7	1	3	2	5	9	6	8
3	1	4	8	6	2	5	7	9
6	8	7	5	1	9	2	4	3
2	9	5	4	3	7	8	1	6

325

6	8	3	7	9	5	2	1	4
7	9	5	1	2	4	8	3	6
2	4	1	8	6	3	7	9	5
3	1	2	5	4	8	6	7	9
5	7	9	3	1	6	4	2	8
8	6	4	9	7	2	1	5	3
1	5	6	4	3	7	9	8	2
4	3	7	2	8	9	5	6	1
9	2	8	6	5	1	3	4	7

326

1	6	3	4	8	2	7	9	5
5	2	7	1	9	3	8	6	4
8	9	4	7	5	6	3	2	1
7	4	6	3	2	5	1	8	9
9	1	2	8	4	7	5	3	6
3	8	5	6	1	9	2	4	7
4	5	9	2	7	8	6	1	3
2	3	1	5	6	4	9	7	8
6	7	8	9	3	1	4	5	2

327

3	1	4	6	2	8	7	9	5
8	7	2	5	9	1	3	6	4
9	6	5	4	3	7	1	2	8
7	2	8	3	4	6	9	5	1
1	5	3	9	8	2	6	4	7
6	4	9	1	7	5	2	8	3
5	3	6	2	1	4	8	7	9
2	8	1	7	5	9	4	3	6
4	9	7	8	6	3	5	1	2

328

4	5	1	9	2	3	6	8	7
6	3	2	8	5	7	1	4	9
7	9	8	4	6	1	3	2	5
2	6	3	5	7	8	4	9	1
8	1	5	2	9	4	7	3	6
9	4	7	1	3	6	2	5	8
1	2	9	6	4	5	8	7	3
3	8	4	7	1	9	5	6	2
5	7	6	3	8	2	9	1	4

329

6	3	9	5	7	4	1	8	2
4	8	5	2	6	1	7	9	3
7	1	2	3	8	9	6	5	4
5	7	1	8	4	2	3	6	9
8	6	4	1	9	3	2	7	5
9	2	3	7	5	6	8	4	1
3	4	8	9	1	7	5	2	6
1	9	7	6	2	5	4	3	8
2	5	6	4	3	8	9	1	7

330

3	1	8	2	4	7	5	9	6
9	4	7	5	1	6	8	2	3
5	6	2	9	8	3	7	4	1
8	9	3	1	7	2	6	5	4
4	2	1	8	6	5	9	3	7
6	7	5	4	3	9	2	1	8
7	8	9	3	2	1	4	6	5
1	5	6	7	9	4	3	8	2
2	3	4	6	5	8	1	7	9

331

1	2	8	5	4	7	6	3	9
4	3	7	8	9	6	1	2	5
9	6	5	1	3	2	7	8	4
3	7	2	4	6	5	9	1	8
6	1	9	2	8	3	5	4	7
8	5	4	7	1	9	2	6	3
5	8	6	3	7	1	4	9	2
7	9	3	6	2	4	8	5	1
2	4	1	9	5	8	3	7	6

332

3	5	7	9	8	2	6	4	1
2	4	9	1	6	7	8	5	3
1	8	6	5	4	3	7	9	2
9	6	5	8	3	1	4	2	7
4	3	8	2	7	5	9	1	6
7	2	1	4	9	6	5	3	8
8	1	3	7	5	4	2	6	9
6	7	4	3	2	9	1	8	5
5	9	2	6	1	8	3	7	4

333

6	7	3	8	2	4	9	1	5
2	4	8	5	1	9	7	3	6
9	1	5	3	7	6	4	8	2
8	2	9	1	6	3	5	4	7
7	5	6	9	4	8	1	2	3
1	3	4	7	5	2	8	6	9
4	6	1	2	9	5	3	7	8
3	9	7	6	8	1	2	5	4
5	8	2	4	3	7	6	9	1

334

2	1	8	6	3	5	4	7	9
5	4	3	9	7	8	1	2	6
7	9	6	1	2	4	3	5	8
9	3	2	8	4	7	5	6	1
4	8	7	5	1	6	9	3	2
1	6	5	3	9	2	7	8	4
3	7	4	2	8	9	6	1	5
6	2	9	7	5	1	8	4	3
8	5	1	4	6	3	2	9	7

335

1	9	7	6	2	5	4	3	8
3	6	2	8	9	4	5	1	7
4	8	5	1	7	3	2	9	6
9	1	8	7	5	6	3	2	4
5	4	6	2	3	1	7	8	9
7	2	3	9	4	8	1	6	5
6	3	4	5	8	2	9	7	1
8	5	9	3	1	7	6	4	2
2	7	1	4	6	9	8	5	3

336

8	1	2	4	9	5	3	6	7
5	9	7	2	6	3	1	4	8
3	6	4	7	1	8	5	9	2
4	7	3	9	2	1	8	5	6
9	2	8	5	7	6	4	1	3
6	5	1	3	8	4	2	7	9
2	4	5	6	3	7	9	8	1
1	3	6	8	4	9	7	2	5
7	8	9	1	5	2	6	3	4

337

6	4	7	2	1	3	5	8	9
1	3	2	8	5	9	4	7	6
5	8	9	6	4	7	2	1	3
3	5	4	1	8	6	7	9	2
9	2	1	5	7	4	3	6	8
8	7	6	3	9	2	1	4	5
2	9	5	7	6	1	8	3	4
4	1	8	9	3	5	6	2	7
7	6	3	4	2	8	9	5	1

338

2	3	7	1	5	8	4	6	9
5	9	8	4	6	3	7	1	2
1	6	4	7	2	9	5	8	3
6	2	5	9	8	1	3	4	7
8	4	9	3	7	2	1	5	6
7	1	3	5	4	6	9	2	8
4	8	1	6	9	7	2	3	5
9	5	6	2	3	4	8	7	1
3	7	2	8	1	5	6	9	4

339

```
7 8 9 1 3 2 6 5 4
3 4 2 6 5 8 7 9 1
1 6 5 7 9 4 3 8 2
9 7 6 5 8 1 4 2 3
2 1 3 9 4 6 5 7 8
8 5 4 3 2 7 9 1 6
4 3 7 2 1 9 8 6 5
5 9 1 8 6 3 2 4 7
6 2 8 4 7 5 1 3 9
```

340

```
3 1 8 6 4 2 5 7 9
9 4 7 8 5 3 2 6 1
6 5 2 9 1 7 4 3 8
1 3 6 2 8 5 9 4 7
7 8 4 1 9 6 3 2 5
5 2 9 7 3 4 1 8 6
2 7 5 4 6 1 8 9 3
4 9 1 3 7 8 6 5 2
8 6 3 5 2 9 7 1 4
```

341

```
1 2 8 6 9 7 3 4 5
7 9 5 4 3 2 1 6 8
3 6 4 1 8 5 7 2 9
6 3 9 7 2 8 5 1 4
4 7 2 9 5 1 6 8 3
8 5 1 3 6 4 9 7 2
5 8 7 2 1 9 4 3 6
9 4 6 8 7 3 2 5 1
2 1 3 5 4 6 8 9 7
```

342

```
7 8 2 3 1 4 9 5 6
6 4 5 2 9 7 8 3 1
1 3 9 5 8 6 7 4 2
2 5 1 6 7 3 4 8 9
9 6 4 1 5 8 3 2 7
8 7 3 9 4 2 1 6 5
5 2 7 8 3 9 6 1 4
3 9 6 4 2 1 5 7 8
4 1 8 7 6 5 2 9 3
```

343

```
7 5 3 1 4 9 8 6 2
1 8 6 5 3 2 9 7 4
4 9 2 8 6 7 3 1 5
5 6 9 2 7 3 1 4 8
3 1 4 6 5 8 7 2 9
8 2 7 4 9 1 5 3 6
2 7 5 3 8 4 6 9 1
9 4 8 7 1 6 2 5 3
6 3 1 9 2 5 4 8 7
```

344

```
2 3 5 7 6 9 1 8 4
6 1 9 4 8 3 2 7 5
4 8 7 1 5 2 9 6 3
7 5 1 9 4 8 6 3 2
8 6 2 5 3 1 7 4 9
3 9 4 6 2 7 5 1 8
5 7 6 8 9 4 3 2 1
9 2 8 3 1 6 4 5 7
1 4 3 2 7 5 8 9 6
```

345

```
9 6 1 7 4 5 8 3 2
7 8 2 9 3 6 1 5 4
3 5 4 1 8 2 6 7 9
1 2 3 6 5 4 9 8 7
5 7 6 2 9 8 3 4 1
8 4 9 3 7 1 2 6 5
6 3 7 4 1 9 5 2 8
4 9 8 5 2 3 7 1 6
2 1 5 8 6 7 4 9 3
```

346

```
6 4 2 7 8 5 9 3 1
8 7 9 6 1 3 5 2 4
1 3 5 4 2 9 7 6 8
9 1 6 3 5 2 4 8 7
2 5 4 8 7 1 3 9 6
7 8 3 9 6 4 1 5 2
3 6 1 2 9 7 8 4 5
5 9 8 1 4 6 2 7 3
4 2 7 5 3 8 6 1 9
```

347

```
5 1 4 2 7 3 6 8 9
9 3 8 6 5 1 4 2 7
6 2 7 8 9 4 5 3 1
7 4 5 1 8 9 2 6 3
3 6 1 4 2 5 7 9 8
2 8 9 3 6 7 1 5 4
8 5 3 7 1 6 9 4 2
1 9 2 5 4 8 3 7 6
4 7 6 9 3 2 8 1 5
```

348

```
9 8 1 4 7 3 2 6 5
3 5 6 1 8 2 9 7 4
7 4 2 6 5 9 3 8 1
1 3 8 5 9 7 6 4 2
2 9 5 8 4 6 1 3 7
6 7 4 3 2 1 5 9 8
8 6 3 7 1 5 4 2 9
4 1 9 2 6 8 7 5 3
5 2 7 9 3 4 8 1 6
```

349

```
6 9 7 4 3 1 5 2 8
5 2 1 8 7 6 3 9 4
3 4 8 5 9 2 1 6 7
4 6 5 7 8 9 2 1 3
2 1 3 6 5 4 8 7 9
8 7 9 2 1 3 6 4 5
9 8 4 1 2 5 7 3 6
1 5 6 3 4 7 9 8 2
7 3 2 9 6 8 4 5 1
```

350

```
7 5 3 4 2 9 6 8 1
9 4 6 3 1 8 5 7 2
1 8 2 5 6 7 3 4 9
3 2 5 8 9 6 4 1 7
4 6 9 1 7 3 8 2 5
8 1 7 2 4 5 9 3 6
6 9 4 7 8 2 1 5 3
2 3 1 6 5 4 7 9 8
5 7 8 9 3 1 2 6 4
```

351

```
8 5 9 1 7 3 4 2 6
7 2 6 8 5 4 9 1 3
4 3 1 2 9 6 7 5 8
3 1 2 6 4 9 8 7 5
9 6 7 5 2 8 3 4 1
5 8 4 7 3 1 6 9 2
6 4 5 9 8 2 1 3 7
1 7 3 4 6 5 2 8 9
2 9 8 3 1 7 5 6 4
```

352

```
2 9 4 7 6 3 1 5 8
5 3 7 4 8 1 6 2 9
1 8 6 5 2 9 3 4 7
4 7 9 8 1 5 2 3 6
8 2 3 6 9 4 5 7 1
6 5 1 2 3 7 9 8 4
7 6 5 1 4 2 8 9 3
9 4 8 3 5 6 7 1 2
3 1 2 9 7 8 4 6 5
```

353

```
4 9 2 6 5 8 1 3 7
8 6 7 1 3 9 2 4 5
5 3 1 2 7 4 9 6 8
2 5 3 9 4 6 8 7 1
7 8 9 3 2 1 6 5 4
1 4 6 5 8 7 3 9 2
9 2 4 7 1 3 5 8 6
3 7 5 8 6 2 4 1 9
6 1 8 4 9 5 7 2 3
```

354

```
4 2 1 6 5 7 8 3 9
8 9 7 1 2 3 6 4 5
3 5 6 4 8 9 7 1 2
2 7 3 9 1 8 5 6 4
9 6 5 3 7 4 2 8 1
1 4 8 5 6 2 9 7 3
6 8 9 2 4 1 3 5 7
5 3 4 7 9 6 1 2 8
7 1 2 8 3 5 4 9 6
```

355

```
5 6 3 7 9 1 8 2 4
4 9 8 6 3 2 5 1 7
2 1 7 5 4 8 9 3 6
1 2 6 9 8 7 4 5 3
8 3 4 1 6 5 7 9 2
9 7 5 4 2 3 6 8 1
6 8 9 2 1 4 3 7 5
7 4 1 3 5 9 2 6 8
3 5 2 8 7 6 1 4 9
```

356

```
9 7 4 1 5 3 2 6 8
6 1 8 4 2 7 3 9 5
3 5 2 8 9 6 1 7 4
5 6 7 3 1 2 4 8 9
8 4 3 9 6 5 7 1 2
1 2 9 7 8 4 6 5 3
2 3 5 6 7 9 8 4 1
4 8 6 5 3 1 9 2 7
7 9 1 2 4 8 5 3 6
```

357

```
2 4 8 7 1 6 3 5 9
1 3 9 5 8 2 6 7 4
6 5 7 9 4 3 2 8 1
3 7 1 8 2 9 5 4 6
8 9 2 4 6 5 1 3 7
4 6 5 3 7 1 9 2 8
5 8 3 6 9 7 4 1 2
9 2 4 1 5 8 7 6 3
7 1 6 2 3 4 8 9 5
```

358

```
2 6 8 5 4 1 7 9 3
1 4 7 9 8 3 6 5 2
5 9 3 7 6 2 4 8 1
3 8 5 4 1 6 9 2 7
4 7 6 2 5 9 3 1 8
9 1 2 3 7 8 5 6 4
6 5 1 8 3 4 2 7 9
7 3 9 1 2 5 8 4 6
8 2 4 6 9 7 1 3 5
```

359

4	6	5	1	2	3	8	9	7
9	3	2	8	7	5	6	4	1
1	7	8	6	9	4	2	3	5
5	2	6	4	3	1	7	8	9
8	9	4	5	6	7	3	1	2
3	1	7	9	8	2	4	5	6
2	8	3	7	5	9	1	6	4
6	5	1	2	4	8	9	7	3
7	4	9	3	1	6	5	2	8

360

1	7	8	5	4	3	9	2	6
3	6	5	2	9	7	1	4	8
9	4	2	8	1	6	3	7	5
4	5	1	9	6	2	7	8	3
6	2	7	1	3	8	4	5	9
8	3	9	4	7	5	6	1	2
7	8	4	3	2	9	5	6	1
5	9	6	7	8	1	2	3	4
2	1	3	6	5	4	8	9	7

361

4	3	5	2	7	6	9	1	8
6	7	2	1	9	8	4	5	3
1	8	9	4	3	5	7	6	2
8	2	3	5	4	9	1	7	6
5	1	6	7	8	3	2	4	9
7	9	4	6	2	1	3	8	5
3	4	1	8	6	2	5	9	7
2	6	7	9	5	4	8	3	1
9	5	8	3	1	7	6	2	4

362

6	4	3	8	9	2	7	5	1
7	2	8	1	6	5	3	9	4
9	1	5	7	4	3	6	2	8
5	8	1	9	3	7	4	6	2
3	6	2	5	8	4	1	7	9
4	9	7	2	1	6	5	8	3
8	3	6	4	5	9	2	1	7
2	5	9	3	7	1	8	4	6
1	7	4	6	2	8	9	3	5

363

1	8	9	5	7	3	2	6	4
4	6	5	2	1	9	3	8	7
7	3	2	4	8	6	5	1	9
8	7	3	6	2	1	4	9	5
6	5	4	8	9	7	1	3	2
2	9	1	3	5	4	8	7	6
5	1	6	9	4	8	7	2	3
3	2	7	1	6	5	9	4	8
9	4	8	7	3	2	6	5	1

364

7	4	3	6	5	9	1	2	8
6	1	5	8	2	4	7	9	3
9	8	2	7	1	3	6	4	5
5	9	1	2	6	8	4	3	7
4	3	6	9	7	1	8	5	2
8	2	7	3	4	5	9	6	1
3	6	9	5	8	7	2	1	4
2	7	4	1	3	6	5	8	9
1	5	8	4	9	2	3	7	6

365

4	2	8	1	3	5	9	6	7
9	3	6	2	7	8	1	4	5
1	5	7	6	9	4	8	2	3
7	4	3	9	6	2	5	1	8
8	6	5	7	4	1	2	3	9
2	9	1	5	8	3	6	7	4
6	8	4	3	2	9	7	5	1
5	7	9	4	1	6	3	8	2
3	1	2	8	5	7	4	9	6

Other titles from www.buysudokubooks.com

Also available from amazon.com

For customized editions, bulk discounts and

corporate gifts, email sales@buysudokubooks.com

Gigantic Book - Sample Page

Nail Biting

No: 1237

5						8	6	
			1		3			
	9							
7							4	3
8		1		5				
	4	3	9					
				8		5		

No: 1238

		6	5				1	8
	3							
			7					
8								7
					4	9		
				3				
				9		4	3	
5			8					
7								

No: 1239

				6				4
	9		5					
	3					8		
			3		8		9	
6						7		
1					5			
7				1				
							3	
						6		

Reduced to fit

No: 1240

8				7		4		
	6				3			
5								6
7				4				
			8				9	
	9	3	6					
	1					2		
						7		

No: 1241

		5	4		8			
							3	
	8							
7			1	3				
6						8		
						9		
3			7				1	
				6		5		
	9							

No: 1242

			5	8		2		
6						9		
		3						
7			4					
	5		2					
							6	
				9	6		3	
5	2							
1								

Teach your kids to play sudoku with this fun, logical and entertaining exercise book.

Buy it on Amazon, buysudokubooks.com, sudokids.com or at www.createspace.com/3363006. ISBN 978-0-620-40593-5.

DISCOVERIES

A KIRKUS service for self-published and independent authors

Bloom, Jonathan
SUDOKIDS.COM:
Sudoku Puzzles For Children Ages 4-8
Sudokids.com (56 pp.)
$5.95 paperback
December 21, 2008
ISBN: 978-0620405935

Sudoku wizard Bloom introduces the complicated game to children in this **easy-to-use guide**. In theory, Sudoku is a remarkably elementary game. But its logic can leave many first-time players - children and adults alike - a little stumped. Bloom offers this easy how-to guide for children, which also features special instructions on how adults can better teach the game to young ones. The author starts simply - after a quick history of Sudoku, he introduces the key formatting and terminology associated with the game.

Though it may seem unnecessary to explain columns and rows, even the most puzzle-obsessed adult will find it **refreshing to see the board broken down so straightforwardly**, as when he demonstrates that all Sudoku boards begin with four giant squares and then are subdivided. Bloom encourages readers to fill the obvious numbers into rows or columns to demonstrate the overall rules of the game on a small scale. After a few such exercises, the author builds up to actual Sudoku boards, giving kids the opportunity to try their hand at games labeled "Quick and Easy," "Medium" and "Challenging."

Of course, even at their most difficult, these puzzles are rather rudimentary, but that's OK. He points out that the book was designed around the curricula of first, second and third grade - **a clever and direct strategy**. With almost 200 puzzles and lessons, the book will keep kids busy without boring them, and gives just enough of the game to keep them wanting more. **Brilliant in how it relates to its audience**, *Sudokids.com* is ideal for any child who wants to learn how to solve one of America's most popular puzzles.

nielsen

Kirkus Discoveries, Nielsen Business Media, 770 Broadway,
New York, 10003 discoveries@kirkusreviews.com

CPSIA information can be obtained at www.ICGtesting.com
Printed in the USA
BVOW02s0425061114

373788BV00004B/25/P